나를 믿고 일한다는 것

나와 우리를 성장시키는 진짜 유능함에 대하여

나를 믿고
일한다는 것

우미영 지음

퍼블리온
Publion

나는 유능한 나를 추천합니다

작은 스타트업에서 글로벌 대기업 마이크로소프트MS까지 모두 다섯 개 회사를 거쳤다. 그리고 일을 시작한 지 꼬박 30년이 되던 해에 마이크로소프트를 그만두었다. 주, 월, 분기, 연 단위로 돌아가던 내 루틴이 멈췄다. 그러자 내가 보였다. 눈만 뜨면 일을 마주하고 회사가 부여한 목표를 향해 치닫던 내 모습이 눈에 들어왔다.

정신없이 달리다 멈춰 선 나를 물끄러미 바라보며 또 다른 '내'가 말을 걸어왔다. 그동안 내가 다른 이들에게 말을 걸던 아주 익숙한 방식으로 말이다. 나 자신과 이야기를 나눠본 적이 언제였는지 아득하기만 한데, 어느덧 나는 모니터를 거울삼아 나 자신과 조곤조곤 이야기를 나누고 있었다.

지난 시간을 되돌아보며 떠오른 한 가지가 있다. 나는 늘 중요한 순간마다 나 자신을 추천해왔다는 것이다. 비전공에 여성으로서는 드물게 IT 영업을 시작하고자 마음먹었을 때도 이를 회사에 제안한 것은 나였다. 지사장 대행을 하던 중 그 지사장 일을 직접 해보겠다며 회사에 평가 기간을 요청한 것 역시 다름 아닌 나였다. 그리고 최근 어도비코리아 대표직에 도전하며 나는 말했다.

"나는 유능한 나를 추천합니다."

나 역시 부족한 사람이었다. 호기롭게 IT 영업을 시작했지만 당장 고객을 찾는 일부터 난항이었다. 아무리 치밀하게 준비해도 실주의 고배는 어김없이 찾아왔다. 동료, 선후배와의 관계는 늘 뒤얽힌 실타래 같아서 아무리 진심을 다해도 부족하게 느껴질 때가 많았다. 선택하고 책임지는 리더의 위치가 되어서도 남몰래 두려움에 떨던 순간들이 이어졌다.

하지만 그럼에도 나는 늘 일이 좋았다. 깨어 있는 하루 중 대부분의 시간을 일에 쏟으면서 조금씩 성장해가는 자기 훈련의 시간들이 나를 단단하게 만들었다. 혼자 할 수 있는 일이란 없었다. 동료, 파트너와 함께 문제를 풀어나가면서 그들의 마음을 헤아리고, 서로를 응원하던 순간들이 지금의 나를 만들었다. 물론 그 과정에서 적지 않은 성과를 함께 만들 수 있었다.

문득 나 자신에게 물어보고 싶어졌다. '나를 믿고 일한다는 것'은 무엇인가? 내게 그것은 변명도, 체념도 없이 일로써 더 나은 사람이 되겠다는 조용한 자기 다짐이다. 시간의 대부분을 보내는 회사를 나의 성장이나 발전과는 별개로 생각하는 것은 안타까운 일이다. 일이 보다 내 삶에 기여하도록 만들어야 한다.

나는 여전히 부족한 사람이다. 하지만 앞으로도 기회가 있을 때마다 열심히 나를 추천할 것이다. 내가 생각하는 유능함은 정직과 성실, 경청과 진심뿐만 아니라 차이를 만들어내는 '작은 용기'에 있으니까.

내가 걸어온 길은 마치 눈 위에 어지러이 찍힌 발자국 같다. 그러나 정리하고 보니 커리어의 어느 단계에선가 고군분투하고 있을 후배들에게 전반전을 잘 뛰는 데 유용한 팁이 될 수 있을 듯하다. 업무 현장에서 최선을 다하다가 방전된 사람들, 일터에서 관계에 치이거나 성과에 대한 압박을 느끼는 사람들, 갑작스럽게 리더의 자리에 올라 갈피를 잡기 어려운 이들에게 나의 이야기가 작은 격려가 담긴 이온음료가 되기를 바란다. 30년 전반전을 마치고 작전 타임을 갖느라 잠시 멈춰 선 선배가 건네는 한마디 응원으로 읽힌다면 더 바랄 것이 없다.

지나온 길을 돌아보는 것이 앞으로 나아가는 데 길잡이가 될 수는 없겠지만, 먼 길을 떠나기 전 신발 끈을 동여매는 시간이 되어준 것은 분명하다. 이제 나와의 대화를 마치고 에너지를 충전해서 일로 돌아갈 것이다. 다시 일을 쓰러 갈 것이다. 내가 일을 어떻게 써왔는지 천천히 따라 걸어보면서 많은 사람들이 자신만의 일을 써나가기를 진심으로 응원한다.

일을 하면서 많은 사람들을 만났다. 내 길을 남이 대신 걸어준 것은 아니지만, 나 혼자 이 길을 걸어온 것도 아니다. 나에게 길을 알려준 선배들과 고객들, 함께한 길벗들, 따르는 후배들도 있었다. 때로는 그들이 내게 힘을 주었고, 덕분에 한 발 한발 걸으며 요령도 생겼다. 오늘도 내 옆에서 함께 걷는 그들 모두에게 고마움을 전한다.

2020년 10월
우미영

"여러분이 진정으로 만족하는 유일한 길은
여러분 스스로 훌륭하다고 믿는 일을 하는 것입니다.
그리고 훌륭한 일을 하는 유일한 길은
여러분이 하는 일을 사랑하는 것입니다."

– 스티브 잡스

'과연 실패했을 때 내가 잃을 것은 무엇인가?'

'결과에 상관없이 이 경험을 통해 무엇을 배울 것인가?'

이 2가지는 내가 힘에 부칠 만큼

어려운 도전을 앞두고 있을 때

스스로에게 하는 질문이다.

이 질문을 던지고 나면 새로운 시도를 할 수 있는

용기가 생기고, 실패했을 때

다시 일어날 수 있는 힘이 생긴다.

실패를 매몰비용이 아니라 배움과 성장을

위한 R&D 투자로 만들 수 있었다.

1장

나를 믿는 것도
유능함입니다

여성, 비전공으로 IT 영업을 시작하다

'문송합니다'라는 말이 있다. '문과여서 죄송합니다'라는 말을 줄인 것인데, 취업하기 힘든 인문계의 현실에 그저 웃어넘길 수만은 없는 표현이다. 나 역시 '문송'한 마음으로 사회에 첫발을 내딛었다.

대학에서 인문학을 전공하고 졸업 후 대학원에 진학했다. 하지만 학문의 길은 너무 아득하고 막연하게 느껴져 '과연 이것이 내 길인가?' 하는 회의감 속에 불면의 밤을 지새웠다. 그리고 결국 학업을 중도에 접고 말았다.

소위 학문의 길에서 탈선해 피난처로 찾아간 곳이 조그만 IT 회사였다. 학업의 단절, 삶에 대한 불확실한 전망 속에서 마음이 지쳐 있던 나에게 가족 같은 회사 분위기는 큰 위안이었고 새로운 의욕을 샘솟게 했다. 그렇게 '문송'한 첫 커리어를 시작했다. 전 직원이 5명뿐인 벤처기업에 여섯 번째 정식 사원으로 승선한 것이다.

그곳에서 나는 경리와 총무 일은 물론 제안서 작성에 홍보와 마케팅, 심지어 프로그래밍까지 닥치는 대로 열심히 일했다. 다행히 회사는 기술력을 인정받아 나날이 성장했고 병역특례업체로 선정된 덕분에 우수한 컴퓨터 프로그래머들도 여러 명 입사했다. 매일 새로운 사람들을 만나고 새로운 일을 배우며 나 스스로 역량이 커져간다는 뿌듯함에 힘든 줄도 모르고 일에 몰입했다. 그러나 8년 가까이 청춘을 바친 첫 회사도 IMF 경제위기를 피해갈 수 없었다. 1년가량 월급도 제대로 받지 못한 채 회사를 살려보겠다고 뛰어다니던 멤버들이 하나둘 떠나고, 나 역시 경제적으로 더 이상 버틸 여력이 없었다.

허허벌판에 버려진 느낌이었다. 장래에 대한 별다른 고민 없이 그저 함께 일하는 사람들이 좋아서 선택한 첫 직장이었다. 8년 정도 신나게 일하고 나니 또다시 대학을 갓 졸업한 취준생 처지가 되어 새로운 직장을 찾아야 했다.

이미 합격해서 자리를 잡고 있는 대학 동기들처럼 고시 공부를 해볼까 하는 생각도 있었다. 하지만 "빚만 늘어나는 농사는 더 이상 짓기 싫다. 좋은 대학 나온 딸 뒷바라지나 하면서 살겠다"며 서울로 이사를 온 부모님과 일찍 결혼한 탓에 삐약삐약 자라고 있는 두 아들을 생각하면 과외 아르바이트까지 하면서 고시 공부를 하는 것은 엄두도 낼 수 없었다.

결국 나는 지난 8년의 경험을 살릴 수 있는 IT 분야에서 일자리를 찾아보기로 했다. 번역, 매뉴얼 작성, 제안서 쓰기, 경리와 회계 업무, 홍보, 마케팅 등 작은 회사였기에 해야 했던 많은 일들을 A4 여러 장에 정리한 이력서와 자기소개서를 들고 새로운 회사를 찾아 나섰다. 첫 직장에 다니는 동안 중소기업에서 일하기가 얼마나 힘든지, 한국에서 중소기업이 얼마나 위태로운 직장인지 깨달았다. 그래서 이번에는 보다 안정적이고 보수도 더 좋은 대기업 IT 회사의 경력직 입사를 시도했다.

하지만 이력서를 무수히 넣어도 서류 심사조차 통과하지 못했고, 단 한 번의 면접 기회도 주어지지 않았다. 비록 IT 전공자는 아니지만 최고 학부를 나오고 8년간의 실무 경험까지 갖춘 내가 왜 이런 대접을 받는지 이유나 알고 싶었다. 나는 지인에게 부탁해 지원서를 넣었던 대기업의 인사부 직원을 만나 왜 나에게 면접 기회조차 주지 않는지 직접 물어보왔다. 그러자 돌아온 답변은 이랬다.

"이력서를 보니 우미영 씨는 경험이 참 많습니다. IT 기업에서 할 만한 일은 웬만큼 다 해보셨더라고요. 그런데 저희 같은 큰 회사에서 경력직을 뽑을 때는 특정 분야의 전문가를 찾습니다. 그러니까 인사, 개발, 홍보 등 한 분야에서 몇 년 정도 경험을 쌓은 사람을 찾는 거죠."

그제야 나는 이해하게 되었다. 20대 경력 초기에 가장 중요한 것은 한 분야에서 전문성을 쌓는 것임을.

후회할 새도 없이 마음을 추슬렀다. 대기업에서 자리를 구하지 못한 나는 신생 IT 기업에서 두 번째 커리어를 시작했다.

첫 직장의 경험을 살려 사장님을 도와 회사의 체계를 갖춰가는 동안 '어떤 분야의 전문가가 되어야 하는가?'라는 과제가 늘 내 머릿속에 맴돌았다. 그러다 보니 주위 사람들이 다시 보이기 시작했다. '어떤 회사를 다니는 직장인'의 모습만 보다가 '어떤 전문성을 지닌 직업인'이 보이기 시작한 것이다. 재무, 관리, 기획, 영업, 기술 등 여러 분야에서 일하는 사람들을 살펴보면서 그들의 역량과 커리어 관리, 경쟁력 그리고 향후 비전 등에 대해 생각하기 시작했다.

그러던 중 눈에 들어온 것이 영업이었다. 지금은 거의 찾아볼 수 없는 모습이지만 당시 영업인들의 하루 일과에는 조금

아쉬운 구석이 있었다. 업계의 많은 영업인들이 고객사의 휴게실에서 하루에도 몇 잔씩 믹스 커피를 마시며 담배를 피우고 잡담을 나누며 낮 시간을 보냈다. 진짜 영업은 저녁 자리에서 이루어진다고 믿었다.

뭐라고 딱히 설명할 수는 없지만 저 일은 내가 지금 시작해도 충분히 따라잡을 수 있겠다는 느낌이 들었다. 게다가 나는 첫 직장인 스타트업에서 매뉴얼을 쓰거나 교육 관련 업무를 했기에 기술에 대한 이해를 웬만큼 갖추고 있었다. 비록 다른 사람들보다 늦게 시작하는 것이라도 더 잘할 수 있다는 자신감이 들었다. 그렇게 해서 나는 IT 영업을 하기로 결정했다.

나는 즉시 사장님께 면담을 요청하고 직무 변경에 대한 계획과 포부를 말씀드렸다. 내 얘기를 들은 사장님은 곧바로 나를 영업부로 옮겨주셨다. IBM 같은 다국적 회사를 제외하고 IT 업계에 여성 영업인이 거의 없던 시절이었다. 지금 생각해 보면 나에게 흔쾌히 영업을 할 기회를 주신 사장님도 대단한 분이다. 사장님의 통 큰 결정 덕분에 나는 영업의 길에 발을 내디딜 수 있었다. 나의 새로운 커리어가 시작된 것이다.

밑 빠진 독에 붓는 1만 시간의 노력

현실은 마음먹은 대로, 생각한 대로 그리 쉽게 풀리지 않는다. 동료 영업사원들을 만만히 보고 내가 해도 이들보다는 낫겠다던 자만심은 영업부로 발령이 나자마자 두려움으로 변했다. 믹스 커피야 하루에 수십 잔이라도 마실 수 있지만 함께 커피를 마실 고객이 없었다. 도대체 고객을 어떻게 찾을 것인가? 게다가 고객은 커피만 마셔주는 영업사원을 반기지도 않는다. '고객이 내 가치를 알아주고 나를 찾게 하려면 어떻게 해야 할까?', '어떻게 하면 그런 영업사원이 될 수 있을까?' 이런 질문들이 머릿속을 어지럽게 맴돌았다.

당시는 인터넷이 홈페이지 수준을 넘어 전자상거래에 막

활용되던 시점이었다. 보험사가 보험 가입 내역이나 보험료 납부 내역을 인터넷에서 조회할 수 있고, 카드사는 카드 명세서를 인터넷으로 받아볼 수 있는 수준으로 인터넷 기술을 활용해 전산 시스템을 구축하던 때였다.

우리 회사는 인터넷 상거래를 구현하는 데 필요한 솔루션을 팔았는데, 고객사의 전산실에서 근무하는 직원들이 새로운 기술을 익히느라 어려움을 겪고 있었다. 전산실 직원들이 사실상 내 고객이었고, 이들에게 새로운 기술을 쉽게 설명한 책이 있으면 좋겠다는 생각에 이르렀다. 그런 책이 있다면 고객들이 기술을 빨리 익힐 수 있고, 우리 회사의 솔루션을 판매하기도 수월해질 것이었다. 하지만 시중에는 아무리 찾아봐도 마땅한 책이 나와 있지 않았다. 나는 조금 색다르게 접근하기로 했다. 인터넷 프로그래밍 관련 기술 서적을 번역하는 것이 어떨까 하는 생각이 떠오른 것이다. 그리고 이 아이디어를 즉각 실행에 옮겼다.

우선 아마존에서 《엔터프라이즈 자바 빈Enterprise Java Beans》이라는 책을 주문했다. 그러나 지금까지 IT 회사에 다니면서 곁눈으로 기술을 접하고 들은 풍월로는 기술 서적을 번역하기에 역부족이었다. 영어 자체를 번역하는 일은 문제없었지만 기술 용어를 적절한 우리말로 바꾸는 것은 보다 전문적인 영역이었다. 누구와 함께 이 일을 할 수 있을까 생각해보았다. '전략적 파트너'를 놓고 며칠을 고민하던 나는 평소 알고 지내던 실력 있는 기술자 강승우 씨를 찾아가 공동 번역을 제안했다. 그는 흔쾌히 함께하기로 했다.

고객이 먼저 찾는 영업인이 되고자 시작한 기술 서적 《엔터프라이즈 자바 빈》 번역은 8개월이나 걸렸다. 평일 저녁 시간뿐만 아니라 주말까지 반납해야 하는 힘든 과정이었지만 의외의 성과를 얻었다. 번역을 하면서 내가 판매하는 제품을 더 깊이 이해할 수 있었고, 고객들은 나를 좀 더 특별한 영업사원으로 대해주기 시작한 것이다.

나의 프레젠테이션에 대한 고객들의 반응은 기대 이상이었다. 더구나 "제가 번역한 책인데 한번 읽어보세요"라며 책까지 선물하니 업계에 나에 대한 호평이 잔잔하게 퍼져나갔다. 고객이 다른 고객에게 나를 소개하면서 연쇄 반응이 이어져 나는 당시 IT 업계에서 가장 인기 있는 영업사원이 된 듯한 착각이 들었다. 삼성카드에서 설명회를 하고 나면 고객이 삼성생명에 다니는 입사 동기를 소개해주었고, 그 사람이 BC카드에서 일하는 대학 동기를 소개해주는 식이었다.

고객 한 명을 상대로 설명하기도 하고 5명, 10명, 때로는 20명을 앞에 두고 프레젠테이션을 했다. 월요일부터 금요일까지 매일 오전 오후 두 차례, 때로는 저녁까지 일주일에 열 번 정도 프레젠테이션을 했다. 매일 만난 고객을 엑셀로 정리해보니 3년 동안 2,800명이 넘었다.

이 경험을 통해 여러 가지 많은 것을 얻었지만 특히 영업을 시작하는 사람들이 반드시 마주치게 되는 과제인 '고객을 어떻게 확보할 것인가?'에 대한 솔루션을 찾을 수 있었다. '물건을 파는 사람이 아니라 필요한 지식을 전달하는 사람, 문제를 함께 풀어주는 사람'으로 나를 포지셔닝함으로써 고객이 찾는 사람이 될 수 있었다.

말콤 글래드웰은 《아웃라이어Outliers》에서 어떤 분야의 전문가가 되어 남다른 성과를 내기 위해서는 1만 시간의 투자가 필요하다고 했다. IT 영업인으로서 2,800명의 고객을 만나며 보낸 '3년간 1만 시간'의 경험을 돌아보면 충분히 공감이 가는 말이다.

'1만 시간의 법칙'은 단순히 그 시간을 흘려보낸다는 것을 의미하지 않는다. 수많은 고객과 파트너들을 만나 거래를 성사하기도 하고 때로는 실패도 하면서 원인을 분석하는 과정을 통해 전문성이 다져진다. 흔히 영업사원들은 거래에 실패하고 나서 '운이 나빴다'거나 '노력이 부족했다'는 식으로 분석은 하지 않고 후회만 한다. 전문성을 기르기 위해서는 '어느 시점에 어떤 것을 했어야 했는데 놓쳤다'고 실패의 원인에 대한 '진실의 순간Moment of Truth'을 정확히 분석해낼 수 있어야 한다. 내가 보낸 1만 시간은 고객들이 마주한 문제 상황과 니즈needs를 함께 고민하면서 그에 대한 임상 결과를 축적하는 시간이었다. 나는 이 시간을 재해석하면서 고객의 상황에 맞는 솔루션을 찾아주는 영업 전문가의 길로 들어서기 시작했다.

어느 분야에서든 일을 하다 보면 하루하루가 비슷비슷하게 흘러가고 마치 밑 빠진 독에 물을 붓는 것 같은 좌절과 공허함을 느낄 때가 있다. 그러나 어떤 관점에서 바라보고 임하느냐에 따라 결과는 달라질 것이다. 콩나물시루에 물을 부으면 밑으로 다 빠져나가더라도 콩나물이 자란다. 그와 같이 1만 시간을 알차게 흘려보내면 나의 역량이 커지고 성장이 이루어지는 것이다.

'어차피 빠져나갈 물을 왜 붓느냐?'고 물을 붓는 의미를 망각하는 사람들이 있다. 빠져나가는 물이 아깝다고 해서 밑이 막힌 콩나물시루에 물을 붓는다면 결국 콩나물은 썩게 된다. 그저 흘려보내는 듯하지만 언제 얼마의 시간 간격으로 어느 정도의 물을 붓느냐에 따라 콩나물의 품질에 큰 차이가 난다. 그렇게 자신의 시루에서 키워낸 콩나물의 맛과 영양, 모양과 빛깔은 저마다 다른 것이다.

커리어 관리보다 자기 훈련이 먼저다

'직장인'이 아닌 '직업인'이 되고자 IT 영업을 시작하던 당시에 IT 분야는 대표적인 남성 중심 사회였다. 영업이 처음인데다 남자들이 주를 이루는 환경이다 보니 어려움이 많았다. 큰 결심을 했으나 보이지 않는 길을 더듬어가던 그 시절 내게 나침반이 되어주고 용기를 준 분이 지금은 고인이 된 구본형 선생이다.

《그대, 스스로를 고용하라》에서 그는 "더 이상 전통적인 의미의 직장인은 존재하지 않게 될 테니 스스로를 CEO처럼 생각하고 행동하라"고 했다. 당시로서는 도발적인 이야기를 꺼낸 것이다. 내 고민이 깊을 때 만나서인지 이 문장이 내 마음을 울렸다.

"평생직장은 없어지고 고용은 아웃소싱이나 프로젝트 형태로 변화하여 계약을 통해 거래가 이루어지는 현물 시장과 비슷해질 테니 일자리 선택의 기준은 그 자리에서 내가 얼마나 기량을 쌓을 수 있는지가 되어야 한다."《그대, 스스로를 고용하라》, 구본형)

남들 보기에 번듯하지 못한 직장에서 커리어를 쌓으며 얼마간의 아쉬움을 갖고 있던 나에게 구본형 선생의 말씀은 마치 어두운 밤 항해 중에 발견한 등대 불빛처럼 느껴졌다.

그 불빛에 독려받아서 영업을 시작하고 몇 년간 혼신의 힘을 다해 일하다 보니 IT 분야에서 제법 내 이름이 알려지게 되었다. '영업 잘하는 사람'으로 시장에서 한번 포지셔닝이 되자 더 많은 기회가 주어졌다. 다니던 회사에서 승진해 사업부를 맡기도 했고, 다른 회사로 옮겨 더 큰 역할을 맡을 기회도 얻었다.

IT 분야의 여성 리더로 이름이 알려지면서 외부 강연도 하고 있다. 강연이 끝나면 받는 다양한 질문들 중에 가장 답하기 곤란한 것이 하나 있다. 커리어 관리를 어떻게 해왔느냐는 질문이다. 작은 스타트업에서 시작해 다국적 회사의 지사장을 지내고 전 세계에서 가장 큰 기업의 임원에 올랐다면 분명 관리 노하우가 있을 거라고 생각한다.

그런데 사람들의 짐작과는 달리 나는 커리어를 관리해야 할 대상으로 생각한 적이 없다. 다만 영업으로 커리어를 쌓기 시작한 이후로 더 이상 성장하지 못한다는 생각이 들 때 이직을 결행하곤 했다. 새로운 일을 맡으면 아주 잘할 때까지 열심히 했고, 그 일이 익숙해지는 단계를 지나 지루해질 때쯤 변화가 필요하다는 생각이 들었다. 그때 스스로를 돌아보면 한층 성장한 나를 발견할 수 있었고 그 전에는 보이지 않던 새로운 기회도 보였다. 말하자면 '커리어 관리'를 염두에 두었다기보다는 '직업인'으로 나만의 훈련을 거쳐온 것이라고 할 수 있다. 커리어 관리 방법은 잘 모르겠지만 이직을 준비하는 사람에게 분명 도움이 될 만한 방법은 알고 있다. 내가 글로벌 IT 기업들의 인터뷰를 경험하며 배운 것이다.

글로벌 IT 기업들은 지원자의 역량을 검증하기 위해 '상황 인터뷰'를 진행한다. 우선 검증할 역량을 정의한 다음 지원자에게 그러한 역량을 발휘했던 경험을 설명해보라고 하는 것이다. 예를 들어 인터뷰어는 '매니저와 상의할 시간이 없는 상황에서 중요한 결정을 했던 경험을 이야기해보라'고 한다. '시간이 없을 때도 옳은 결정을 내릴 수 있어야 한다'는 리더십 원칙을 실천할 수 있는지 확인하기 위한 것이다. 지원자는 어떤 상황에서 어떤 요소들을 고려하고 평가하여 의사 결정을 했으며, 결과는 어떠했는지, 그리고 그 경험을 통해 무엇을 배웠는지 설명해야 한다.

인터뷰어로 나서는 자리가 많아지다 보니 글로벌 IT 기업의 접근 방식이 매우 설득력 있다는 것을 알게 되었다. 지원자들이 이런 방식으로 본인의 이력서에 쓴 경험을 설명하면 훨씬 입체적으로 지원자의 경험을 이해할 수 있다. 예를 들어 지원자가 이력서에 'YYYY.MM ~ YYYY.MM OO 제품 마케팅 매니저'라고 썼다면, '그 기간 동안 어떤 제품을 맡아 시장에서 어떻게 포지션을 향상시켰고, 그 과정에서 무엇을 배웠으며, 다시 그때로 돌아간다면 어떻게 다르게 할 것인지' 분명하게 설명해달라고 한다. 사실 이렇게 자신의 경험을 해석하고 설명하려면 평소에 자신이 하는 일의 의미를 생각하는 습관을 들여야 한다.

내가 사회에 첫발을 내딛었을 때만 해도 스타트업에서 커리어를 시작하는 사람들이 많지 않았다. 하지만 요즘은 스타트업에서 시작하는 사람들이 적지 않다. 자신의 기질은 안정 지향적인데 사정이 여의치 않아 첫 직장으로 스타트업을 선택한 사람들은 고민과 걱정이 많을 것이다. 스타트업은 개인의 성장을 기대할 수는 있지만 대기업이나 금융기관, 공공기

관보다 안정성도 떨어지고 처우도 낮기 때문이다.

사람의 선택에는 저마다의 배경과 사정이 있기 마련이니 왈가왈부할 수는 없다. 그저 내 커리어를 돌아보면 스타트업에서의 시작은 이후 커리어를 쌓아오는 데, 남들보다 먼저 지사장이 되는 데 큰 역할을 했다. 직급이 올라갈수록 전체를 바라보는 눈, 내 일과 연관된 다양한 일들을 이해하는 능력이 중요하다. 나의 경우 첫 직장에서 여러 가지 일들을 하면서 그러한 능력이 자연스럽게 키워졌던 것이다. 스타트업은 회사의 규모가 크지 않기 때문에 전체적으로 어떻게 운영되는지 조망할 수 있다. 스타트업에서 일한다면 그러한 장점을 살려 CEO의 마인드로 회사가 어떻게 돌아가는지 늘 관심을 가지는 것이 좋다.

구본형 선생의 조언대로 직장인이 아니라 직업인의 마인드를 가지고 스스로를 고용한다는 관점으로 일한다면 어떤 직장에서 무슨 일을 하든 즐겁게 하면서 성장의 기회를 가지게 될 것이다. 내가 하는 일 하나하나, 심지어 상사나 동료와 힘든 관계를 풀어가는 것조차 나의 가치를 올리는 일이 된다.

스스로를 고용한다는 마음으로 일한다는 것은 지금도 나에게 여전히 유효한 삶의 태도이다. 커리어 후반전도 그와 같은 자세로 나아가려 한다.

나를 추천할 수 있는 용기

'어떻게 승진을 요구할 것인가How to ask promotion?'라고 구글 검색을 해보면 어마어마한 수의 결과가 나온다. 하버드 비즈니스 스쿨을 비롯해 여러 곳에서 나온 논문들도 많다. 방대한 검색량이 말해주듯이 후배들을 대상으로 멘토링을 하다 보면 가장 어려워하는 주제다. 세상에 내 자리 하나 만드는 것, 그리고 그 자리를 지켜나가며 성장하는 것은 비단 후배들만의 고민은 아닐 것이다.

2005년 4월 나는 세 번째 직장 시트릭스Citrix에 입사한 지 6개월 만에 지사장 권한대행을 하게 되었다. 시트릭스 한국 지사는 직원이 10명이 채 안 되는 작은 조직이었지만 다국적 기업으로 기업문화와 업무 스타일 등 낯선 것투성이였다. 새로 들어간 회사에 부지런히 적응해가던 중 모시던 지사장이 갑자기 회사를 그만두면서 본의 아니게 지사장 권한대행이 나에게 주어졌다.

내가 지사장 권한대행을 하는 동안 회사는 서치펌(Search firm, 임원급 인력 전문 헤드헌팅 회사)을 통해 새로운 지사장을 찾고 있었다. 하지만 그다지 순조롭게 진행되는 것 같지 않아 보였다. 여러 명의 지사장 후보가 인터뷰를 가졌으나 아시아태평양본부APAC Headquarter 사장은 탐탁지 않게 여겼고, 서치펌도 피로감이 누적되고 있던 상태였다. 서치펌은 한국의 비즈니스 상황을 좀 더 상세히 듣고 적합한 후보를 찾아봐야겠다며 나에게 미팅을 요청했다. 나는 뜻하지 않게 글로벌 서치펌의 헤드헌터와 마주 앉게 되었다.

나는 헤드헌터에게 우리 회사 제품의 성격과 한국의 비즈니스 상황, 타깃팅을 하고 있는 산업군, 주요 고객, 마케팅 방법 등을 설명했다. 흥미있게 듣던 외국인 헤드헌터는 나에게 적합한 사람을 소개해줄 수 있겠느냐고 물었다. 예상치 못한 질문에 곰곰이 생각하던 중 내 마음속에 한 사람이 떠올랐다. 아무리 생각해도 그 사람이 한국 지사를 가장 잘 이끌 수 있을 것 같았다.

그 사람은 다름 아닌 '나'였다. 침묵을 깨고 마침내 그에게 내가 적임자인 것 같다고 말했다. 그리고 이유를 설명하기 시작했다. 그러자 그는 의아해하면서 되물었다. "왜 우미영 씨가 직접 APAC 사장에게 자신을 추천하지 않으셨어요?"

'나는 왜 미처 그 생각을 하지 못했을까?' 2가지 이유가 떠올랐다. 먼저 회사가 나에 대해 얼마나 신뢰감을 가지고 있는지 자신이 없었다. '다국적 회사 경험이 고작 6개월밖에 안 되는 나에게 한국 지사의 비즈니스를 맡길 수 있을까?' 하는 의문이었다. 다른 하나는 '과연 내가 지사장의 무게감을 견디며 행복할 수 있을까?' 하는 개인적인 용기와 결단의 문제였다.

그렇게 미팅은 의도하지 않은 방향으로 흘렀고, 결국 헤드헌터와 이 문제를 놓고 논의하게 되었다. 마침내 우리는 '내가 맡고 있던 권한대행 기간을 연장하자'고 회사에 제안하기로 합의했다. 내가 새로운 지사장 자리에 적임자인지 평가 probation할 기간을 두자는 것이었다. 나 자신을 지사장 자리에 추천하는 것에 대해 여전히 걱정스러워하자 헤드헌터는 이렇게 말했다. "Why not, nothing to lose(뭐 어때, 잃을 게 없잖아)."

나는 APAC 사장에게 떨리는 마음으로, 그러나 당당하게 나 스스로를 추천하는 모수자천毛遂自薦의 레터를 썼다.

그때가 6월경이었다. 나는 12월까지 권한대행 기간을 연장해주면 당해 연도 지사의 실적 목표와 몇 가지 과제를 해결하는 것으로 내가 지사장 자격이 있는지 평가받고 싶다고 했다. 결과를 보고 적합한 사람이 아니라고 생각하면 그때 새로운 지사장을 다시 물색해서 영입하고 나는 원래 자리로 돌아가 역할을 다하겠다고 했다.

이틀이 지나지 않아 회사로부터 내 제안을 수용하겠다는 회신이 왔다. 그렇게 지사장 권한대행 기간이 연장되었다. 생소한 일투성이였지만 직원들을 다독이고 격려하며 그해 하반기 회사에 약속한 결과를 달성했다. 매출을 책임지는 것은 대단한 긴장감을 요구하는 일이지만 나는 보람과 기쁨을 느끼며 그 일을 충분히 소화해냈다. 12월 30일 한 해 마감을 하고 나는 APAC 사장에게 메일을 썼다. "이제 회사가 제대로 된 지사장 월급을 주며 나에게 일을 시킬 때가 된 것 같다"는 내용이었다. 다음 해 1월 말 나는 시트릭스시스템즈코리아의 지사장이 되었고 그 후 5년간 한국 비즈니스를 이끌었다.

계획에 없던 헤드헌터와의 만남에서 사람을 추천해달라는 뜻밖의 질문을 받고 나 스스로를 추천할 수도 있다는 생각을 처음 했다. 스스로가 적격자라고 생각한다면 자신을 추천하

는 데 주저하지 않아야 한다. '뭐 어때, 잃을 게 없잖아Why not, nothing to lose.'

얼마 전 내가 맡고 있는 부서의 팀장이 경쟁사로 이직하면서 공석이 되었다. 팀장 경험이 많은 내외부 지원자들이 있었지만 나는 지금까지 팀원으로서 자기 일을 잘 수행해온 직원 중 스스로를 '추천'한 사람을 최종 선택했다.

세상이 어렵다고 한다. 그때는 좋았고, 지금은 나쁘다고들 말한다. 절반 정도는 동의한다. 하지만 나는 이렇게 생각한다. '그때나 지금이나 기회는 스스로 만드는 것이다.' 어떤 자리가 났을 때 능력이 그에 못 미치는 다수의 사람들이 '나는 준비된 사람'이라고 생각한다. 반면 90% 이상 준비된 사람들은 부족한 10% 때문에 주저하며 용기 있게 손을 들지 못한다. 시트릭스에서의 경험을 통해 부족한 10%에도 불구하고 손을 들 수 있는 용기가 100%의 능력을 가지는 것보다 훨씬 중요하다는 것을 알게 되었다.

새로운 일에 도전할 때는 언제나 두려움과 설렘이 따른다. 그러나 도전하지 않고서 새로운 문, 새 지평을 열 수는 없을 것이다. 설령 그것이 감당할 수 있는 일인지 가늠하지 못하더라도 물러서지 않고 새로운 길을 찾아 나서는 용기가 필요하다. 하물며 잃을 것이 없다면 더더욱 망설일 이유가 없지 않은가. 누구나 처음부터 잘하는 사람은 없다. 그러나 용기를 내어 시작하지 않으면 아예 기회조차 얻지 못한다.

기회를 만드는 보이지 않는 손

지사장 자리에 나 자신을 추천한 이야기를 꺼내고 보니 한 편으로는 염려가 드는 게 사실이다. 전문성을 키우기는커녕 일할 기회를 갖는 것조차 고군분투해야 하는 시대가 아닌가. 그러나 세상이 점점 빠르게 변하고 개인이 가진 스킬셋 (skillset, 능력)은 비슷비슷해지면서 어쩌면 '용기'가 큰 경쟁력이 될 수도 있겠다는 생각이 든다.

마이크로소프트를 그만두기로 결정하고 긴 휴가를 보내던 나는 링크드인Linkedin을 자주 확인했다. 링크드인은 내 경력을 기반으로 관심을 가질 만한 채용 공고 소식을 수시로 보내주었다. 당장 직장을 찾을 계획은 없었지만 어떤 채용 기회들이 있는지 궁금한 마음에 자주 메시지 박스를 들여다보곤 했다. 그러던 중 낯선 이름의 링크드인 사용자가 보낸 메시지가 눈에 띄었다.

"현재 IT 스타트업의 마케팅팀에서 일하고 있는 OOO입니다. 브런치에 올리신 글에 자극을 많이 받았습니다. 같은 업계에서 저와 비슷하게 커리어를 시작하셔서 더 그런 것 같습니다. 커리어 개발 관련하여 궁금한 게 있을 때 가끔 여쭈어도 될는지요? 항상 멘토를 만나뵙고 싶다는 갈망이 있었기에 용기 내어 메시지 드립니다! 새해 복 많이 받으세요! OOO 드림."

나의 20대가 생각나기도 하고, 일면식도 없는 나에게 링크드인으로 메시지까지 준 용기가 기특해 "네 Welcome입니다"라고 회신했다. '말이 그렇지, 진짜 연락하겠어'라는 생각도 들었다. 그런데 얼마 후 장문의 메시지가 하나 도착했다. 진심이 담긴 듯한 그 글에는 본인이 어떻게 커리어를 쌓아왔고 지금은 어떤 일을 하고 있으며 고민은 무엇인지 담겨 있었다. 그리고 "긴 글 읽어주셔서 감사합니다. 혹여나 답장 주시는 데 너무 부담이 될까 걱정됩니다. 시간 나실 때 편하게 한 말씀만 부탁드립니다"라고 글을 마쳤다.

며칠 후 우리는 화상 미팅을 했다. 그녀는 큰 기업에서 계약직으로 일할 기회가 왔는데 고민되는 점이 있다고 했다. 지금 재직 중인 회사보다 규모가 큰 소프트웨어 회사에서 일하고 싶었지만 제안받은 자리가 계약직인 데다 현재 연봉에서 10%나 줄어든다는 것이었다. 우리는 그녀가 새로운 자리에서 무엇을 배울 수 있을지, 그 일을 해내고 나면 어떤 기회를 만들어낼 수 있을지에 대해 이야기를 나눴다. 결국 그녀는 전진을 위해 일보 후퇴하기로 결정했다. 계약직이라 미래가 불안정하고 당장 급여도 줄어들지만 자신의 성장을 선택한 것이다.

이후 그녀는 여러 가지 사정으로 다니던 회사에 머물게 되었지만 한번 인연을 맺은 후로 우리는 친구가 되었다. 그녀는 크고 작은 고민을 앞에 두고 경험자의 시각이 필요할 때 나를 찾는다. 거꾸로 내가 밀레니얼 세대의 의견이 필요할 때는 그녀를 찾는다. 내가 진행하는 강의 중에 그녀에게 도움이 될 만한 것이 있으면 게스트로 초대하기도 한다.

세상은 스스로를 드러내고 도움을 청하는 사람에게 손을 내미는 법이다. '문과 출신으로 IT 영업을 하다'라는 브런치 글을 읽은 사람들이 1천 명이 넘었다. 그중 나에게 연락을 해서 도움을 요청한 사람은 단 2명이었다. 그중 하나가 그녀이다. 한번 용기를 내본 그녀는 앞으로도 어려움에 마주칠 때마다 혼자 결정하고 해결하기보다 다른 사람에게 지혜를 구할 것이다. 크고 작은 용기를 낸 그녀가 10년 후, 20년 후 어떤 모습으로 성장할지 기대된다.

커리어를 쌓는 비결에 대해 누구도 쉽게 '정답'을 말하기 어렵다. 하지만 '나 자신'을 과감하게 추천하던 내 모습과 지금의 그녀 모습을 겹쳐보면 알 수 있다. 예나 지금이나 세상에는 겸손하면서도 자신감을 가지고 용기를 내는 사람에게 기회를 주는 보이지 않는 손이 존재한다는 것을.

자존감을 지키며 일한다는 것

영업 커리어를 시작하면서 나는 본격적으로 '을'이 되었다. 계약관계에 따라 '병'이나 '정'이 되기도 했지만 '갑'이 되어보지는 못했다. 영업하는 사람들은 스스로를 '을'이라 칭하고 실제로도 '을 마인드' 없이는 영업인으로 성공하기 어렵다.

언제부터인지 기억나지는 않지만 나는 주위로부터 '영업하는 사람치고 자존감이 높다'는 얘기를 듣곤 한다. 나를 지지해주는 사람들의 말이니 '건방지거나 콧대 높다'는 의미로 해석되지는 않는다. '을'로 사는 사람에게서 예상되는 사회적인 기대치와 다르다는 뜻일 것이다.

나는 어떻게 자존감을 유지하며 일할 수 있었을까? 아마도 그것은 아주 오랫동안 지켜온 일에 대한 태도와 관련이 깊을 것이다. 바로 '고객을 서로의 성장을 도울 수 있는 사람으로 바라봤다'는 점이다. 영업인으로서 나는 고객의 성장을 돕고 그 과정에서 나도 함께 성장한다고 생각했다.

얼마 전 회사 행사에서 '디지털 혁신'을 주제로 패널 토의를 진행한 적이 있다. 고객 몇 분을 패널로 모시고 디지털 혁신을 위해 어떤 시도를 하고 있고 그 과정에서 어떤 어려움과 배움이 있었는지 진솔하게 이야기를 나눴다. 그날 패널 토의는 성공적이었다. 수백 명 청중들의 관심과 호응이 대단했다.

참석한 사람들은 기업을 둘러싼 변화가 너무나 크기 때문에 작은 혁신이라도 빠르게 시도하면서 길을 찾아나가야 한다는 데 공감했다. 특히 작은 시도들이 긴 여정의 시작이라는 점, 그렇기 때문에 실패도 용인하는 조직문화를 만들어야 한다는 데 모두 고개를 끄덕였다. 집중도가 떨어지기 쉬운 오전의 마지막 세션이었는데도 자리를 뜨는 사람이 없을 정도로 청중들의 몰입도와 참여도가 높았다.

그날 패널 토의는 개인적으로도 아주 특별한 의미가 있었다. 영업사원과 고객으로 만나 20년 가까이 함께해 온 신한은행의 김광중 부장이 패널로 나와주었기 때문이다. 그는 2000년대 초 인터넷 뱅킹이 처음으로 시도될 때 은행의 인터넷 뱅킹부 대리였다. 은행의 IT가 큰 변화를 겪던 시기에 그는 역사상 처음으로 인터넷 뱅킹 서비스를 만들었다. 나는 금융권 영업 담당으로 당시 은행이 인터넷뱅킹 서비스를 만드는 데 필요한 솔루션을 판매했다.

그는 소위 '형님 영업'이 통하지 않는 까칠한 고객이었다. 영업이 뭔지도 모르고 부지런히 다니던 나에게 많은 기술적 질문을 던지고 나로 하여금 영업인이 어떤 역할을 해야 하는지에 대해 많은 고민을 하게 해준 분이다. 좋게 말하자면 영업사원으로서 역량을 쌓아가는 데 큰 영향을 준 고객이고, 현실적으로 말하면 공부 안 하는 무식한 영업인은 만나주지도 않는 차도님(차갑고 도도한 고객님)이었다. 가까이 다가가기 위해서는 공부를 할 수밖에 없었다. 그 후 세월이 흐르는 동안 김광중 부장과 나는 각자 속한 조직의 리더로 성장했고 마침내 패널 토의 자리에서 만난 것이다.

한창 영업을 하던 시절 나는 여러 유형의 고객을 만났다. 영업인들을 힘들게 하는 고객 유형도 다양했다. 밑도 끝도 없이 가격 깎을 생각만 하는 고객, 일만 죽어라 시키고 인건비는 제대로 주지 않는 고객도 있었다. 한편 열심히 일하는 나를 격려해주고 진심으로 잘되기를 바라는 고객들도 많았다. 김광중 부장처럼 까칠하지만 성장의 자극이 되는 고객들도 있었다.

돌아보면 한건 한건의 수주와 실주가 씨줄과 날줄이 되어 영업인으로서 나의 삶이 엮여온 셈이다. 그 속에서 나는 고객과 더불어 성장했고, 우리는 서로에게 든든한 자산이 될 수 있었다. 이것은 다른 직업에서는 맛보기 힘든, 영업하는 사람들만이 느낄 수 있고 누릴 수 있는 치명적인 매력이리라. 이 뿌리칠 수 없는 매력에 푹 빠져 팀원들과 함께 기술과 비즈니스가 소용돌이치는 전선을 누비며 고객들을 만났다.

'갑'과 '을'의 관계로 만났지만 서로 성장의 지지대가 되어주었기에 내 자존감이 높아질 수 있지 않았을까? 지금까지 나는 그들과 함께 성장했고 앞으로도 서로의 성장을 도울 수 있는 사람으로 함께할 것이다. 그것이 내 자존감의 비밀이라면 비밀이다.

두려울 때 던지는 2가지 질문

2014년 말 나에게 다시 지병이 도졌다. 네 번째 직장 델소프트웨어에 입사한 지 만 5년이 되어갈 즈음이었다. 한국 지사장으로서 지사가 갖고 있던 여러 가지 문제를 해결하고 비즈니스도 궤도에 올라선 상황이었다. 하지만 도전 과제가 줄어들고 성장하고 있다는 느낌이 옅어질 때면 어김없이 새로운 곳으로 나를 던져서 모험을 떠나고픈 열망이 일어나는 것이었다.

나는 새롭고 어려운 일을 대할 때 내면에서 에너지가 솟아난다. 새로운 환경을 파악하고 어려움을 극복하기 위한 갖가지 방법을 찾으려 애쓰는 과정에서 성장하고 있음을 느끼는 것이 좋았다. 그 감각이 나를 움직이게 하는 동력이다. 도전할 일이 사라지면 나는 에너지가 떨어지고 불편한 기분이 들곤 한다. 그래서 늘 하나의 일을 매듭짓고 나면 다시 열정을 쏟아부을 새로운 일을 찾는다.

몸담고 있던 조직이 크다면 직무를 바꿔보거나 다른 부서를 맡을 수 있겠지만 규모가 작은 한국 지사에서는 내 역할에 변화를 주기 어려워 보였다. 나는 새로운 도전을 찾아 회사를 떠나기로 마음먹었다. 몇 년간 손발을 맞춰 일하던 아시아태평양본부APAC 상사에게 연락해 회사를 그만둘 테니 후임을 찾아달라고 했다. 그는 나의 상황과 마음을 충분히 이해하겠으니 시간을 달라고 했다. 두어 주일이 지나 싱가포르로 와서 일할 수 있겠느냐는 연락이 왔다. 그는 내가 동남아지사의 비즈니스를 맡아주면 좋겠다고 했다.

APAC 본부 일에 대한 막연한 호기심은 있었지만 그때까지 경제적 환경과 문화가 전혀 다른 나라의 비즈니스를 책임지는 것에 대해 깊이 생각해본 적이 없었다. 더구나 동남아지사라면 싱가포르, 말레이시아, 태국, 인도네시아, 필리핀 등여러 나라를 관할해야 하지 않는가. 한국 비즈니스를 책임지는 것도 예삿일이 아닌데 그 많은 나라의 매출과 조직을 책임져야 한다니 덜컥 겁이 났다.

내 나이는 이미 쉰에 가까웠다. 시장에서 쌓아온 평판 덕에 한국 내에서 다른 자리를 충분히 찾을 수도 있었다. 전혀 모르는 시장에서 비즈니스를 책임진다는 것은 너무 무모한 일로 보였다. 게다가 몇 년 후 한국으로 돌아오고 싶을 때 과연 한국 시장에서 더 일할 기회가 주어질지도 의문이었다. 그러나 며칠 고민하던 나는 내면에 꿈틀거리는 도전 본능에 다시금 내 삶을 맡기기로 하고 제안을 받아들였다.

새로운 일, 더구나 그것이 현재의 내 능력에 비해 버겁다고 느낄 때면 나는 실패했을 때 잃을 수 있는 것들을 떠올려본다. 사실 직장인이라는 테두리 내에서 하는 시도나 선택은 개인 사업을 벌이거나 큰 투자를 하는 것에 비하면 리스크가 상대적으로 크지 않다. 이 점도 결정을 내리는 데 주요한 근거 중 하나가 됐다.

얼마 후 나는 짐가방 2개를 끌고 싱가포르로 갔다. 현지에 도착해서 상황을 파악해보니 예상했던 것보다 조직과 비즈니스에 어려움이 많았다. 월요일과 금요일은 싱가포르 사무실에서 일하고, 화요일부터 목요일까지 말레이시아의 페낭과 쿠알라룸푸르, 방콕, 자카르타, 마닐라를 돌면서 고객들을 만나 각 나라의 비즈니스 환경을 파악했다. 새로운 도전과 흥분 속에 심신이 고달픈 1년 반이 지났다. 낯선 환경에 익숙해질 즈음 내가 맡고 있던 사업 부문에 대한 매각이 결정 났다. 이번에는 나의 지병이 도지기 전에 회사의 변화가 먼저 닥친 것이다. 조직이 흩어지면서 나는 회사를 그만두고 다시 한국으로 돌아오게 되었다.

실망스러운 상황이었다. 함께 일하는 직원들과 정이 들고 처음 경험하는 시장에서 나의 능력을 보여주고 싶은 마음도 적지 않았는데 중간에 포기하고 돌아와야 했기에 아쉬운 마음이 컸다. 싱가포르의 하숙집에서 며칠을 앓으며 1년 반 전, 동남아 지사를 맡기로 결정했던 때를 돌이켜보았다.

그때 내 선택에 따른 리스크는 군대 간 아들을 한국에 혼자 두고 떠나는 것과 한국 시장을 떠나 있는 동안 고객이나 파트너들로부터 멀어지는 것이었다. 그런데 싱가포르에서 보낸 시간을 복기하고 대차대조표를 짚어보니 결과는 예상보다 훨씬 나았다. 아들은 그사이 혼자 군대 생활을 잘 마무리했고, 우려했던 한국 시장과의 단절 역시 SNS 덕분에 크게 문제되지 않았다. 동남아 생활을 SNS로 공유하면서 업계 사람들이나 고객들과 더 가까이 지낸 느낌마저 들었다. 1년 반 동안 나는 동남아 시장에 대해 더 많이 이해하게 되었고 좋은 네트워크도 만들 수 있었다.

"오직 우리가 두려워할 것은 두려움 그 자체다." 프랭클린

루스벨트 대통령이 취임사에서 했던 말이다.

새로운 일에 대해 막연하게 생각만 하면 두려움만 증폭될 뿐이다. 그래서 나는 새로운 일이나 선택을 앞두고 두려움의 실체를 구체적으로 머릿속에 떠올려본다. 맞닥뜨릴 어려움이나 잃을 것들을 미리 생각하고 대비하다 보면 실제로 그것들이 현실화되더라도 충격이 덜한 법이다. 게다가 실패하든 성공하든 경험을 통해 우리는 배우고 성장할 수 있지 않은가?

'실패했을 때 내가 잃을 것은 무엇인가?' '결과에 상관없이 이 경험을 통해 무엇을 배울 것인가?' 이 2가지는 내가 힘에 부칠 만큼 어려운 도전을 앞두고 스스로에게 하는 질문이다. 이 질문을 던지고 나면 새로운 시도를 할 수 있는 용기가 생기고, 실패했을 때 다시 일어날 수 있는 힘이 생긴다. 최악의 결과가 나오더라도 이미 예상해본 것이기에 당황하지 않는다. 실패를 매몰비용이 아니라 배움과 성장을 위한 R&D 투자로 만들 수 있다.

나는 2가지 질문을 늘 염두에 두었기에 실패했을 때조차 계속 성장할 수 있었다. 앞으로도 이 2가지 질문과 함께 내 여정을 계속해나갈 것이다.

갈등의 이유는 무척 다양하지만

모든 갈등에는 공통점이 하나 있다.

바로 해결의 주체가 '내'가

될 수밖에 없다는 점이다.

조직에서의 갈등은 항상 '너' 때문에 생기지만

그것 때문에 힘든 것은 '나'이기 때문이다.

그렇기에 조직 생활을 잘한다는 것은

'내'가 갈등을 얼마나 잘 관리하느냐에

달려 있다고도 볼 수 있다.

2장

일 센스는 훈련으로
길러집니다

문제를 대신 풀어주는 사람

영화 〈더 울프 오브 월스트리트The Wolf of Wall Street〉에서 주인공 벨포트(레오나르도 디카프리오 분)는 갓 채용한 영업사원들에게 펜을 주면서 자신에게 팔아보라고 한다. 잠시 생각하던 영업사원이 냅킨을 그에게 주면서 이름을 써달라고 요청한다. 벨포트의 입에서 펜이 없다는 말이 나오도록 만든 것이다.

이것은 세일즈 교육에 자주 활용되는 영상이다. '고객의 니즈와 영업 활동'의 관계를 일깨워주는 영업의 기본에 관한 얘기다. 그런데 영업 일을 하다 보면 의외로 이러한 기본을 간과하는 경우가 많다.

고객에게 구매란 무엇일까?

우리가 무언가를 어떤 배경에서 소비하는지 돌아보면 대답이 쉽게 나올 것이다. 갓 태어난 아기를 둔 가장이 생명보험에 든다는 것은 '내가 죽으면 우리 가족들은 어떻게 살아가나' 하는 고민을 덜기 위함이다. 이제 막 전기기능사 자격증을 따고 전기 수리 일을 시작한 사람이 미니밴 다마스를 한 대 산다는 것은 출장 서비스를 통해 더 넓은 지역에서 일감을 얻고자 하는 것이다. 이처럼 고객들은 자신의 니즈를 충족하는 제품과 서비스에 기꺼이 대가를 지불한다. 고객의 니즈와 그에 상응하는 지불 의사 및 능력을 충족할 때 저장 가치와 사용 가치의 교환, 즉 구매와 판매가 동시에 일어난다.

그렇다면 고객의 니즈를 파악해 지갑을 열게 하려면 무엇이 필요할까? 수많은 자질 중에서 가장 중요한 2가지를 꼽는다면, '고객의 니즈에 대한 공감'과 '제품에 대한 이해'다.

첫 번째는 공감 능력이다. 고객의 입장이 되어보지 않고는 고객이 처한 상황과 의미 있는 니즈를 읽어내기 어렵다. 그리고 고객의 입장에 빙의되려면 고객에 대해 많이 알아야 한다. 고객을 만나 좋은 질문을 하는 영업사원들의 실적이 높은 이유는 고객의 상황을 섬세하게 파악해서 니즈를 정확하게 포착해내기 때문이다.

영업사원이 고객사를 방문하기 전에 해야 할 일 중 가장 중요한 것이 바로 질문 리스트를 만드는 일이다. 고객의 입장을 더 많이 생각하고 이해할수록 내가 파는 물건이나 서비스가 고객의 니즈에 어떻게 부합하는지 알 수 있다. 물론 질문 리스트를 잘 만들기 위해서는 적당한 훈련이 필요하다.

처음으로 영업팀의 매니저가 되어 팀원을 코칭할 때의 일이다. 질문 리스트를 팀원과 함께 작성하고 고객사를 방문했는데 대화를 이어가던 팀원이 수첩을 뒤적였다. 고객에게 해야 할 다음 질문을 잊어버린 것이다. 미팅이 끝나고 팀원에게 질문 리스트의 중요성을 다시 한 번 전달했고 이후에 코칭 기회가 있을 때도 고객에게 해야 할 질문에 대한 이야기를 이어나갔다. 그는 점차 자연스럽게 대화를 이어나가는 법을 배웠다. 제한된 시간에 고객에 대한 정보를 최대한 많이 얻어낼 수 있게 되자 실적도 높아졌다. 이렇게 질문을 통해 고객의 니즈를 정확하게 포착하는 기법을 체득할 때 영업사원들의 수주 확률이 높아진다.

두 번째는 내가 판매하는 물건이나 서비스를 정확히 이해하는 것이다. 보험, 자동차, 의료장비, 식품 등 산업 전 분야에서 혁신이 이루어지면서 영업사원들이 팔아야 하는 제품이나 서비스가 점차 복잡해지고 있다. 내가 일하는 IT 산업의 경우에는 더욱 그렇다. 클라우드, 빅데이터, 인공지능 등이 대세가 되면서 필살기 중 하나로 평가받던 '형님 영업'이 IT 업계에서 빠르게 자취를 감추고 있다. 고객들도 바빠졌다. 40시간 근무제가 정착되고 워라밸(work-life balance, 일과 개인 생활의 균형)을 중시하면서 고객들도 영업사원들을 만나 한가하게 시간을 보낼 여유가 없다. 더구나 직접 검색해보면 얼마든지 필요한 정보를 찾을 수 있는데 군이 영업사원을 만날 필요가 없다. 많은 회사들이 영업사원들에게 기술 자격증을 따라고 강제하는 것도 바로 이런 이유에서다.

영업 분야에서 전문가가 되고 싶다면 내가 파는 제품이나 서비스에 대해 전문가가 되어야 한다. 내 제품과 서비스에 대해 깊이 이해하면 영업에 필요한 기술과 자질은 오히려 자연스럽게 체득할 수 있다.

고객과 약속을 잡는 것이 부담스러운가? 그렇다면 내가 과연 고객에게 어떠한 가치를 주고 있는지 돌아봐야 한다. 고객은 자신의 일에 도움이 되는 사람을 만나고 싶어 한다. 내가 그들의 문제를 이해하고 도움을 줄 수 있다면, 그들의 문제를 풀 수 있는 키(제품, 서비스)를 쥐고 있다면 고객이 먼저 나를 찾을 것이다. 나를 만나는 일이 고객의 관점에서도 소위 '영양가 있는 일'이라면 기꺼이 시간을 내줄 것이다.

프레젠테이션을 멋지게 하고 싶은가? 그것도 이러한 관점에서 생각해보면 해결책을 찾을 수 있다. 프레젠테이션의 목적은 내가 정해진 시간에 발표를 끝냈을 때 고객의 마음에 변화를 만들어내는 것이다. '저 회사와 일해보고 싶다', '저 솔루션을 사서 내 문제를 해결하고 싶다'는 생각이 들게 하면 된다. 내 제품과 서비스가 고객의 어려움을 어떻게 덜어줄 수 있는지 설명할 수 있다면 영업의 50% 정도는 끝낸 셈이다.

20년 전 내가 《엔터프라이즈 자바 빈》이라는 번역서를 출간하면서 기술에 대한 이해를 심화한 뒤부터 고객들이 나를 찾고 유사한 일을 하는 지인들에게 소개해준 것도 바로 이런 맥락에서 이루어진 일이다.

어느 분야에서든 전문가가 되고 싶다면 경청하고 공감하고 질문하는 기술을 연마하고, 판매하는 제품이나 서비스에 대한 전문가가 돼라. 고객의 문제에 한 발 더 다가가 공감하고, 내 제품을 더 깊이 이해하는 영업인은 어느 시대에도 환영받을 것이다.

공감도, 이해도 집요함이 필요하다

    고객의 성공에 초점을 맞추기보다 '거래 성사'에 집중하는 영업인들이 적지 않다. 그렇게 한두 번 거래한 후 실망하여 관계가 틀어지는 경우도 많다. 나도 본의 아니게 그러한 일을 겪기도 했다.

    지속적인 거래가 이어지지 못하는 이유는 다양하다. 어떻게든 거래를 성사시키기 위해 고객에게 중요한 정보를 숨기거나 서비스를 과대 포장하여 판매하는가 하면, 믿고 사는 고객에게 시장가보다 비싸게 판매하는 경우도 있다. 비록 의도하지 않았더라도 그런 상황을 고객이 알아채면 장기적으로 거래 관계가 지속될 수 없다.

나 역시 '거래 성사'를 중요하게 생각한다. 하지만 그보다 더 중요하게 여기는 것이 있다. 바로 고객과 장기적인 관계를 맺고 유지하는 것이다. 그러기 위해 고객의 입장을 헤아리고, 더불어 고객사의 성공에 어떻게 기여할 수 있을지 늘 생각하고 고민한다. 어떻게 하면 고객이 내가 판매하는 솔루션을 도입해서 최대의 효과를 볼 수 있을까? 신용카드 회사에 제안할 때는 어떻게 하면 우리 솔루션이 신용카드 고객을 늘리는 데 도움이 될지, 고객이 인터넷 쇼핑몰 회사라면 쇼핑하는 고객의 편의성을 어떻게 높일 수 있을지, 국세청에 제안할 때는 연말정산간소화서비스를 더 빨리 할 수 있는 방법이 무엇일지에 대해 엔지니어들과 밤새워 고민하기도 한다. 고객의 입장에서 열심히 고민하고 노력하는 모습을 인정받아 제법 많은 거래를 성사시켰다.

그런데 문제는 고객의 성공이라는 것이 생각처럼 단순하지 않다는 것이다. 동네 스포츠용품점에 축구공을 몇 개 납품하는 상황이라면 사장님 한 분만 설득하면 된다. 대상이 명확하니 깊이 고민할 것도 없다. 하지만 대기업이 운영하는 대형 마트에 축구공을 대량으로 납품하는 것은 그리 간단한 일이 아니다. 설득해야 할 대상이 한 명이 아니기 때문이다. 우선 매장에서 판매할 상품을 결정하는 MD를 설득해야 하고 구매팀과 가격 협상도 해야 한다. 무엇보다 최종결정권자의 결재를 받아야 한다.

거래 금액과 사업에서의 중요도, 사업 환경 등에 따라 의사 결정에 관여하는 사람의 수가 많아지고 의사 결정 과정도 복잡하다. 하나의 거래를 성사하기 위해 상대해야 할 고객이 여러 사람이라면 각자 기대하는 바도 다를 수 있다.

내가 맡은 고객사 중에 본사는 서울에 있고 공장은 울산에 있는 회사가 있었다. 우리 회사는 울산공장의 생산 라인에 새로운 시스템을 구축하는 프로젝트에 제안사로 참여하게 되었다. 제안설명회도 잘했고 본사의 IT기획팀과 CIO(최고정보책임자)의 반응도 좋았다. 수주를 확신한 나는 회사에도 긍정적으로 보고하고 업체 선정 통보를 기다리고 있었다. 그런데 며칠 후 뜻밖의 실주 통보를 받았다. 꽤 큰 규모의 프로젝트인 데다 공도 많이 들였고 오랫동안 관계를 맺어왔던 고객사라 충격이 어느 때보다 컸다.

제안설명회 때 복잡한 의사 결정 과정에 관여된 모든 고객들로부터 좋은 반응을 얻었다고 생각했다. 실주의 원인을 파악하기 위해 기술적인 측면과 가격, 고객의 니즈 등을 단계별, 항목별로 짚어보았지만 딱히 어느 부분에서 문제가 있었는지 쉽게 드러나지 않았다. 그러던 중 IT기획팀의 친한 고객을 만나 넌지시 우리가 실주하게 된 이유를 물어보니 정작 그 원인은 내 예상을 벗어난 곳에 있었다. 울산공장의 생산 라인 책임자가 반대했다는 것이다.

돌이켜 생각해보니 제안설명회에 그분도 참석했다. 프레젠테이션이 끝나고 그가 현장에서의 변화 관리에 대해 몇 가지 질문을 했던 기억이 났다. 생산 라인 책임자는 우리 회사가 서울에 기반을 두고 있는 것에 대해 우려했다고 한다. 최근 고객사가 생산 라인의 인원을 대폭 축소하고 공정의 많은 부분을 외주로 돌리게 되었는데 공장 책임자는 프로젝트 완료 후의 지원 문제를 걱정했던 것이다. 왜 우리보다 기술력이 떨어지는 경쟁사가 수주할 수 있었는지 이해되었다. 그 회사는 울산에 기술 지원 사무실을 두어 고객 가까이에서 사후 지원을 할 수 있었던 것이다. 아차 싶었지만 상황은 이미 돌이킬 수 없었다.

대형 마트에 축구공을 납품할 때처럼 조직이 어떤 솔루션을 구매하거나 프로젝트를 진행할 때는 여러 사람이 의사 결정 과정에 관여한다. 그들은 우선적으로 회사 입장에서 어떤 솔루션이나 업체가 가장 적합할지를 고려한다. 하지만 그와 동시에 자신의 이해관계가 개입되게 마련이다. 나쁜 의미의 이해관계가 아니라 솔루션의 도입이 본인에게 미치는 영향을 고려하는 것이다. 이에 따라 우리가 제안하는 내용에 대한 반응과 선호도가 달라질 수 있다.

울산공장의 생산 라인 책임자는 인원이 줄어든 상황에서 변화 관리까지 해야 하니 사후 지원이 중요했다. 연말에 임원 승진을 앞둔 고객에게는 인사고과에서 좋은 평가를 받는 데 도움이 되는, 즉 회사의 실적에 큰 영향을 주는 프로젝트가 필요할 것이다.

이때의 경험 이후로 나는 의사 결정 과정에 관여하는 모든 고객들을 고려한 영업 전략을 세우기 시작했다. 한명 한명이 프로젝트를 통해 얻고자 하는 것은 무엇인지, 내가 제안하는 내용이 그들에게 어떤 도움이 될 수 있을지에 대해 더 많이 생각했다. 그러려면 의사 결정에 관여하는 모든 사람들을 파악해야 했다.

나는 프로젝트 관련자 개개인의 상황을 파악하기 위해 진심 어린 질문을 했다. 그들의 입장에서 생각하고 그들의 상황을 깊이 공감하기 위해서였다. 고객의 입장에서 우리의 제안을 검토한 후 부족한 점과 개선할 수 있는 부분을 정리할 수 있었다. 비록 시간이 더 많이 걸리고 힘들기도 했지만 그 과정을 통해 수주 확률을 높일 수 있었다. 고객 개개인에 대한 깊은 이해와 공감은 추가 매출로 이어졌고, 덤으로 그들의 깊은 신뢰가 추천으로 이어져 신규 고객을 만날 수 있었다.

영업인이라면 눈에 보이지 않는 고객들의 상황까지 고려할 줄 알아야 한다. 그들에게 어떤 문제가 있고 어떤 결과를 기대하고 있는지 충분히 파악해야 한다. 그렇게 함으로써 수주 확률이 높아지는 것은 물론, 고객과의 장기적인 관계 구축과 지속적인 수주라는 영업의 궁극적인 목표에 한 걸음 더 다가갈 수 있는 것이다.

갈등, 피할 수 없다면 관리하라

직장 생활을 하다 보면 온갖 갈등을 겪게 마련이다. 지시 사항이 불명확해 일하기 힘든 상사, 책임을 전가하는 상사, 팀장인 나를 제치고 팀원에게 직접 업무를 지시하는 상사, 역량이 부족한데도 잘났다고 생각하는 부하직원, 능력이 뛰어나 일을 많이 줬더니 불공평하다고 불평하는 직원, 경쟁심 때문에 사사건건 시비를 걸고 내 일을 방해하는 동료, 심지어 이유 없이 나를 싫어하는 동료……. 직장 생활에서 겪는 갈등은 유형도 다양할뿐더러 이유도 차고 넘친다.

'피할 수 없으면 즐겨라'는 말처럼 갈등에 직면해서 스트레스를 크게 받지 않는 가장 좋은 방법은 주어진 상황을 담담히 수용하는 것이다. 그러기 위해서는 기본적으로 멘탈이 강해야 한다. 멘탈이 강하면 갈등으로 인한 스트레스가 크게 느껴지지 않을 수 있다. 그러나 소위 '멘탈갑'이 되는 것이 그리 쉬운 일인가? 직장 내 갈등이 필연이라고 할 때 우리가 할 수 있는 일은 없는 것일까?

영업사원 시절 시도 때도 없이 전화로 확인하는 상사 때문에 심각하게 퇴사를 고민한 적이 있다. "우 차장, ○○카드 딜 상황 어떻게 됐지? 이번 달에 계약되는 거 맞나?" 월요일 아침 팀 주간회의에서 분명히 보고했는데도 수시로 전화를 했다. 대체 기억력이 나쁜 건지, 의심이 많은 건지, 아니면 세세한 것까지 챙겨야 직성이 풀리는 성격인지, 궁금한 게 있으면 그 자리에서 전화부터 해댔다. 차 안에서 김밥으로 점심을 때우며 하루에도 몇 개의 고객사를 방문하던 나에게 수시로 걸려오는 상사의 전화는 너무나 성가시고 괴로웠다. '대체 소는 언제 키우란 말인가?'

한참을 고민하던 나는 보고 방법을 바꿔보기로 했다. 어느 금요일 오후에 한 주 업무를 정리하면서 주간회의에서 일일이 보고하기 어려운 업무까지 정리했다. 그리고 다음 월요일 주간회의를 마치고 정리한 문서를 프린트해 상사의 책상에 올려놓았다. "팀장님, 전화 받을 시간에 더 열심히 뛰겠습니다. 궁금한 것이 있으면 이 문서를 먼저 봐주세요. 그래도 궁금한 게 생기면 전화 O.K.^^"라는 메모와 함께.

갈등의 이유는 무척 다양하지만 모든 갈등의 공통점이 하나 있다. 바로 해결의 주체가 '내'가 될 수밖에 없다는 점이다. 조직에서의 갈등은 항상 '너' 때문에 생기지만 그것 때문에 힘든 것은 '나'이기 때문이다. 조직 생활을 잘한다는 것은 어쩌면 '내'가 갈등을 얼마나 잘 관리하느냐에 달려 있다고도 볼 수 있다.

갈등으로 인한 스트레스는 대부분 나의 '기대치'나 '예상치'와 실제 벌어지는 일 사이의 간극에서 촉발된다. 이를테면 상사나 부하직원이 잘해주기를 기대했는데 그에 못 미칠 때 갈등이 시작되는 것이다. 따라서 나의 기대치와 상대방의 기대치를 잘 살피고 적정한 수준에서 관리하는 것이 가장 좋은 갈등 관리 방법이다. 그러기 위해 필요한 것이 역지사지易地思之, 상대방의 입장에서 상황과 관계를 바라보는 것이다.

영화배우 대니얼 데이 루이스는 〈나의 왼발My Left Foot〉을 촬영하는 동안 뇌성마비를 앓는 화가 역할을 소화하기 위해 촬영 기간 내내 휠체어에 앉아서 지냈다고 한다. 심지어 그는 촬영하지 않을 때도 자신에게 밥을 먹여줄 것을 요청했다. 그 역할에 완전히 몰입하기 위해서 역지사지를 한 것이다. 물론 직장에서 이런 정도로 하기는 힘들지만 공감력을 발휘해 갈등을 둘러싼 여러 관계들을 파악해야 한다. 갈등을 유발하는 상사, 동료, 부하직원 등 여러 주체들의 기대치가 무엇인지 보다 세밀하게 이해하고 관리할 필요가 있다.

상사와의 갈등은 상사에 대한 나의 기대치를 조절함으로써 상당 부분 경감할 수 있다. 상사 역시 부족한 인간이며 나의 고객이고 내가 관리해야 할 대상이라는 점을 인지하고 신뢰를 튼튼히 쌓아나가는 것이다. 이런 노력을 지속한다면 갈등 요소가 있더라도 효율적으로 관리할 수 있을 것이다.

동료와의 관계에서는 서로 암묵적으로 알아서 해주리라 기대하지 말고 현실적인 기대치를 분명하게 정해서 의사를 전달할 필요가 있다. 동료의 협업이 필요할 때 내가 먼저 협조를 구하는 것이다. 서로의 입장과 상황을 이해하고 조율한다면 동료와의 갈등을 줄일 수 있다. 이때 특히 유의해야 할 것은 감정의 노출을 최대한 절제하는 것이다. 감정이 개입되기 시작하면 갈등을 불러일으키는 문제를 합리적으로 해결하기 어렵다.

부하직원과의 관계도 상사나 동료를 대할 때와 크게 다르지 않다. 팀원들이 어떠한 기대와 불만을 가지고 있는지는 상사와 나의 관계에서 유추할 수 있다. 팀원들에게는 명확한 업무 지시와 피드백, 그리고 평가 기준을 제시할 필요가 있다. 어떻게 하면 그들의 마음을 얻을 수 있을지 생각하면서 부드럽고 감성적으로 접근하면 팀원과의 갈등을 효율적으로 관리할 수 있다.

시도 때도 없이 전화를 걸던 상사에게 전달한 메모는 효과가 있었다. 메모를 받고 나서 전화하는 빈도가 크게 줄어든 것이다. 나는 사원에서 팀장이 되고 또 임원이 되는 동안 팀원들에게 시도 때도 없이 연락하고 있는 것은 아닌지 돌아본다. 보고하던 입장에서 보고를 받는 입장으로 바뀌었지만 여전히 기대치를 조절하기 위해 세심한 주의를 기울인다. 어느 위치에 있든 갈등 관리가 필요한 법이다.

사람마다 서로 다른 기질과 커뮤니케이션 스타일을 이해하고 대응하면 조직에서 마주하는 어떤 갈등도 마치 흥미진진한 게임처럼 풀어나갈 수 있을 것이다.

상사는 서프라이즈를 싫어한다

'열심히 일한 당신, 떠나라.'

누구나 한 번쯤 들어봤을 광고 카피다. 특히 직장인들에게 큰 공감을 사며 지금도 자주 쓰이는 문구다. 하지만 일에 대한 보상으로 여가를 즐기는 것만큼 중요한 것이 있다. 바로 '내적 보상', 즉 내 일에 대해 '인정'받는 것이다.

내가 고민을 거듭하며 진행한 일에 대해 아무런 인정을 받지 못한다면 그것만큼 허탈한 일도 없다. 인정받지 못하면 소속감을 느끼기도 어렵다. 물론 이것은 인사고과와도 직결되므로 무척 중요하다. 직속 상사에게 인정받는다는 것은 더 높은 연봉 또는 승진, 때로는 드물게 주어지는 교육이나 연수 기회로 이어질 수 있다.

그렇다면 어떻게 해야 제대로 인정받으며 일할 수 있을까?

'나는 어떨 때 인정받았는가?'를 생각해보니 다름 아닌 '소통'이었다. 나는 매사에 긍정적이고 새로운 일을 두려워하지 않으며 다른 사람들과 협업을 잘하는 편이다. 하지만 상사들은 무엇보다 내가 그들과 '소통하고자 하는 노력'을 가장 크게 인정해주었다. 간혹 '드러내기'를 '소통'과 혼동하는 경우가 있다. 보여주기 위해 일하는 것은 이미 소통의 부재가 전제되어 있다. 사회 초년생 시절 나에 대한 평가가 더 좋아지고 인정받기 시작했던 때는 언제부터였을까? '어떻게 하면 잘 보일 수 있을까?'에서 '어떻게 하면 상사와 원활하게 소통할 수 있을까?'로 관점을 바꾸었던 때부터였던 것 같다.

상사를 대할 때와 마찬가지로 상사가 되어서도 일의 의미와 방향을 서로 이해하고 공유하는 소통이 정말 중요하다. 현재 내가 가장 두려워하는 직원은 업무 지시에 아무런 토를 달지 않고 늘 '네'라고 대답하는 사람이다. 이들은 십중팔구 내가 의도한 것과 다른 결과물을 가지고 온다. 혼자 열심히 한다고는 하지만 마감 기한에 임박해서 수정할 시간도 주지 않고 결과물을 들이미는 직원은 가끔씩 나를 아연실색하게 한다. 의욕 자체를 문제 삼을 수는 없지만 회사는 혼자가 아니라 함께 일하는 곳이다. 상사의 입장에서는 피곤하기는 해도 질문을 많이 하고 이해되지 않는 것은 따져 묻는 직원이 오히려 고맙다. 그들은 나와 함께 중간중간 체크해가면서 일하기 때문에 엉뚱한 곳으로 빠지지도 않고 대체로 결과물도 잘 만들어낸다.

일을 하다 보면 잘못된 방향으로 갈 수도 있다. 그것 자체로는 큰 문제가 아니다. 혼자 한참 다른 길로 빠져서 일이 궤도를 벗어나고 있는데도 그 사실조차 알아차리지 못한다면 문제다. 상사에게 업무 지시를 받았다면 그 일의 배경과 목적을 최대한 정확히 파악하고 앞으로 어떻게, 어떤 일들과 연관되어 전개될지 이해하려고 노력해야 한다. 일의 초기 단계에서는 반드시 상사와 소통하면서 내가 이해한 것이 상사의 의도와 일치하는지 확인하자.

지시받은 일이 상사의 입장에서 어느 정도의 중요도와 긴급성을 가지는지도 초기 단계에서 파악하는 것이 좋다. 일의 중요도와 우선순위가 어떻게 바뀌어가는지도 예민하게 파악할 필요가 있다. 일의 경중과 완급에 대해 상사와 공감대를 형성하는 것은 각각의 업무 중에 어떤 것을 우선순위에 두고 어느 정도 에너지를 쏟아부어야 할지 결정하는 데 도움이 된다. 특히 일의 우선순위가 시간과 상황에 따라 바뀔 수 있으므로 업무에 대한 소통과 예민한 감각이 더욱 요구되는 것이다.

대부분의 상사들은 '서프라이즈'를 싫어한다. 작든 크든 조직을 책임지고 있는 사람에게 예측 불가 또는 불확실성만큼 두려운 것이 없다. 그래서 일의 진행 상황을 상사와 공유하는 것이 중요하다.

가끔 사업부의 매출을 책임지는 나를 곤란하게 하는 직원들이 있다. 평소에는 꽁꽁 숨겨놓고 있다가 분기 막바지에 자쏙하듯 문제를 털어놓는 직원들이다. 매출목표는 사업부장인 나와 회사와의 약속인데 갑자기 지키지 못할 상황이 되면 나로서는 무척 난감하다. 위험 요소를 미리 공유하면 시간을 두고 대응 방안을 찾거나 적어도 회사에 리스크가 있음을 미리 알릴 수 있다. 하지만 분기 막바지에 폭탄처럼 문제를 가지고 커밍아웃하면 시간상으로도 손쓰기가 불가능한 시점이다.

부서의 일에 대한 최종 책임은 당연히 부서장에게 있다. 그런데 영문도 모르고 있다가 현안이 터지면 그야말로 속수무책이다. 나는 어떤 형태로든 진행 상황을 자주 공유하는 직원들이 좋다. 사전에 알려서 리스크를 미리 대비하고 처리할 수 있는 시간을 벌어주기 때문이다. 리스크와 성과를 효과적으로 관리할 수 있도록 도와주는 직원들이 믿음직스러울 수밖에 없다.

임원인 나도 상사에게 부정기로 자주 보고를 한다. 사장님 비서에게 부탁해 10분 정도 대면이나 화상회의를 가진다. 그것조차 여의치 않을 때는 메신저로 간단하게 정리해서 보고한다.

"사장님, OO사 프로젝트는 CEO 출장으로 최종 결재가 2주 미뤄지지만 이번 분기 매출에는 문제없습니다. 제가 OO사에 발생한 기술 이슈에 대해 본사로 메일을 쓸 예정입니다. 사장님께서 전체 회신으로 사안의 심각성에 대해 다시 한 번 강조해주시면 도움이 되겠습니다."

짧은 보고이지만 상사는 내가 일을 진행하는 데 어떤 도움이 필요한지, 어떤 이슈가 있는지를 이해하고 지원해줄 수 있다. 그리고 일을 하는 과정에서 어떤 어려움이 있었는지 알고 있기 때문에 결과를 더 값지게 인정해준다. 설령 문제가 발생하더라도 나에게 책임을 미루지 않고 나를 보호해주는 지원군이 되어줄 것이다.

남다른 재능이 아닌 '남다른 준비'

"저도 부사장님처럼 발표를 잘하고 싶어요."

얼마 전 파트너사의 직원들을 대상으로 한 교육 프로그램의 오프닝 인사를 마치고 나오는데 직원 하나가 따라 나오면서 말을 건넸다. 사정을 들어보니 자신은 말주변이 없어서 고민이라는 것이었다. 나는 일의 특성상 사람들 앞에서 말할 기회가 많다. 임원이 되고 회사를 대표해야 할 상황이 많다 보니 사람들 앞에서 얘기할 기회도 늘었다. 그래서인지 원래 대중 앞에서 말하는 재주를 타고난 것 아니냐는 얘기를 듣곤 한다.

나는 고민을 털어놓은 직원에게 스마트폰 메모 앱에 적어

둔 깨알 같은 메모를 보여주었다.

오늘 교육 프로그램 오프닝에서 할 얘기
① 연 마감을 앞두고 교육을 위해 바쁜 시간을 내어 참석해주신 데 대한 감사 인사
② 우리가 상대하는 고객들이 처한 비즈니스 환경과 그들의 고민
③ 영업사원들에 대한 고객의 기대치 변화
④ 영업사원이 기술을 이해하는 것이 중요한 이유와 오늘 교육 프로그램의 취지
⑤ 끝까지 자리해줄 것에 대한 당부

그리고 나는 한마디 덧붙였다.

"나도 준비 없이는 사람들 앞에서 말을 잘 못하는 편이에요. 그래서 사전에 꼭 준비하는 거예요."

메모를 본 직원은 깜짝 놀라며 "부사장님은 말솜씨를 타고난 사람이라고만 생각했어요"라고 말했다.

리더의 위치에 있으면 소속된 조직이나 회사를 대표해서 발표할 일이 많다. 내부 직원 또는 파트너사를 대상으로 하는 행사, 고객을 초청해서 진행하는 마케팅 행사 등에서 오

프닝 멘트를 하거나 세션을 맡아 프레젠테이션 등을 하는 것이다.

대내외 행사에서 짧은 스피치라도 할 경우에는 여간 신경쓰이는 것이 아니다. 특히 오프닝 멘트나 건배 제의를 어떻게 하느냐에 따라 행사의 분위기가 달라지기 때문에 긴장할 수밖에 없다. 그래서 나는 아무리 짧은 스피치라도 반드시 사전에 철저히 준비하려고 노력한다.

나의 문서 디렉토리에는 '인사말'이라는 폴더가 있고 그 아래는 'YYYY/MM/DD_행사 제목'이라는 이름의 파일들이 수없이 많다. 주기적으로 진행되는 행사도 매번 내용과 목적, 참석자가 다르기 때문에 인사말도 달라야 한다. 그래서 매 행사마다 취지에 맞는 오프닝 멘트나 인사말, 심지어 건배 제의까지 사전에 꼼꼼히 준비한다.

'브레인네트워크포럼'이라는 봉사활동 단체가 있다. 공공기관의 IT 부서 책임자들과 민간 IT 업체 사람들이 함께해온 곳이다. 거기서 나는 '건배 제의 담당'으로 통한다. 매번 모임의 취지가 조금씩 다른데 건배는 대개 모임의 결속을 다지는 의미가 크다. 고작 1~2분밖에 주어지지 않지만 각자의 마음에 모임과 멤버들에 대한 애정이 샘솟도록 건배사를 성의 있게 준비한다.

짧은 인사말이나 건배 제의도 그럴진대 프레젠테이션은 말할 것도 없다. 프레젠테이션을 잘하는 리더 중에 특히 유명한 사람이 스티브 잡스다. 그의 프레젠테이션 방법에 대한 책이 여러 권 나올 정도다. 그가 진행한 프레젠테이션의 슬라이드는 잘 정제된 시처럼 쓰여졌고, 그의 프레젠테이션을 보면 마치 무대 위에서 펼쳐지는 극을 보는 기분이 든다. 그는 언제나 그러한 프레젠테이션을 치밀하게 준비했고 기진맥진할 정도로 연습에 연습을 거듭했다고 한다.

뛰어난 사람들의 남다른 성취를 타고난 덕분이라고 쉽게 생각하는 경향이 있다. 물론 재능을 타고난 사람도 더러 있다. 그러나 실제로 많은 경우 탁월함은 철저한 준비와 연습에서 나온다. 타고난 재능만으로는 남들보다 잘할 수는 있어도 탁월함을 만들어낼 수는 없다.

펜실베이니아 대학교 심리학과 교수 앤절라 더크워스는 《그릿GRIT》에서 '질적으로 다른 연습'을 강조하며 '20년간 경험을 쌓아가는 사람과 1년마다 경험 쌓기와 그만두기를 20번 반복하는 사람' 이야기를 한다. 연습과 준비하는 과정을 좋아하는 사람은 많지 않다. 특히 쉴 새 없이 쏟아지는 업무 중에 자투리 시간을 쪼개서 준비하고 연습하는 것은 분명 쉬운 일이 아니다. 그러나 남들보다 잘하려면 '의식적인 연습'이 필요하다는 앤젤라 더크워스의 말에 전적으로 동감한다.

'1만 시간'의 훈련은 단순 무식한 연습이 아니다. 더 잘하기 위해 반복해서 익히고, 준비하는 방법까지 늘 고민하며, 훌륭한 멘토를 찾아가서 배우는 노력과 용기까지 포함한다. 질적으로 다른 준비 시간을 가지면 도저히 잘할 수 없을 것 같은 일에도 과감히 나설 수 있는 용기가 생긴다. '더 잘해낼 수 있는 근육'이 생기고 짧은 시간에 에너지를 집중하는 기술도 터득하게 되는 것이다.

벤저민 프랭클린은 "준비에 실패하는 것은 실패를 준비하는 일이다By failing to prepare, you are preparing to fail"라고 했다. 나도 그저 남들보다 준비를 더 많이 하는 사람일 뿐이다.

실패해도 성공하는 복기의 힘

페이스북 친구 중에 노준영 건축사가 있다. 그는 건축 설계만 하는 것이 아니라 건물을 짓기도 하고 인테리어를 하기도 하는 소위 문무를 겸비한 재주꾼이다. 나에게는 1천 명이 넘는 페이스북 친구가 있는데 그의 포스팅은 언제나 나의 눈길을 사로잡는다.

그는 리모델링, 건축, 인테리어를 하는 중간중간 중요한 깨달음을 복기하면서 갈무리하고, 마무리한 후에는 전체 과정에서 배운 점을 정리한다. 일에 대한 성찰과 복기가 수많은 젊은 건축가들 중에 그를 남다른 내공의 소유자로 만드는 것이 아닌가 생각한다. 분야가 다르고 건축에 문외한인 내가 그의 내공을 가늠하기는 어렵지만 적어도 몇 년 뒤 그의 모습은 괄목상대하게 되리라 믿는다.

직장 생활이 길어지면 매너리즘을 피하기 어렵다. 사회생활을 시작할 때 느꼈던 긴장감과 설렘은 어느새 무뎌지고, 그저 주어지는 일을 처리하는 데 급급하다. 업무량과는 무관하게 회사 생활이 자신의 성장이나 발전과는 동떨어진 것처럼 느껴지기도 한다. 업무와 자기계발이 점차 별개의 일처럼 여겨지고 개인의 성장이 일로부터 분리되는 것이다.

그러나 시간의 대부분을 보내는 회사를 나의 성장이나 발전과 별개로 여기는 것은 안타까운 일이다. 더구나 일 따로 자기계발 따로 하기는 쉽지 않다. 일이 나의 역량과 성장에 보다 더 적극적으로 기여하게 할 수는 없을까? 커리어라는 것은 잘 짜여진 교육과정이 아니라 무수한 경험의 축적이다. 어떻게 하면 그 경험들을 통해 성장할 수 있을까? 비슷한 기간 동안 유사한 커리어를 쌓은 사람들일지라도 자세히 들여다보면 내공과 역량이 서로 다른 것을 알 수 있다. 이 차이는 어디서 오는 것일까?

내 커리어를 돌아보면 현장에서 살아 있는 지식과 능력을 키워나가는 무형식의 학습을 해왔던 것 같다. 학교나 강의실에서 하는 형식적인 학습이 아니라 계획하지 않은 상황에 맞닥뜨려 매 순간의 경험이 학습으로 연결되었던 것이다. 영업 실무자 시절 무수한 거래를 진행하면서 생생하게 겪고 느낀 구체적인 경험이 그저 '뜻깊은 경험'이나 '의미 있는 경험'으로 끝나지 않기를 바랐다. 나는 경험이 학습으로 연결될 수 있도록 거래에 성공하든 실패하든 모든 과정을 돌아보는 시간을 가졌다. 일단 나는 다이어리에 경험한 일들을 빠뜨리지 않고 기록했다. 이 기록은 지난 과정을 돌아보는 데 큰 도움이 되었다. 거래 진행 상황을 처음부터 끝까지 짚어보면서 실수하거나 미흡했던 부분이 무엇이었는지를 알 수 있었다. 한편 전환점을 가져온 요소들은 무엇이었는지를 생각하면서 무엇을 반성하고 어떤 교훈을 얻을 수 있는지 정리했다.

복기할 때는 나만의 비법이 있다. 거래 진행 전반을 시간 순서로 짚어보는가 하면, 결정적인 순간마다 등장한 인물들의 입장에서 생각해보는 것이다. 상대방의 입장에서 상황을 이해하고 진행 과정을 살펴보면 인식의 범위가 훨씬 넓어진다. 이 방법을 통해 나는 진행 상황을 다층적으로 파악할 수 있었다. 그리고 여기서 학습한 것을 다음번 거래에서 능동적으로 실행하는 선순환을 만들었다.

경영학의 구루 피터 드러커도 평생에 걸친 학습 원리로 피드백을 꼽았다. 《프로페셔널의 조건The Essential Drucker on

Individuals》에서 그는 자신을 계속 성장할 수 있는 사람, 그리고 변화할 수 있는 사람으로 만들어준 7가지 경험을 소개한다. 그중 여섯 번째가 피드백인데 그는 50여 년간 자신을 향한 피드백을 이어왔다고 밝혔다. '자신의 장점을 아는 것'과 '자신을 어떻게 개선해야 할지를 아는 것'이 지속적인 학습의 관건이라는 것이다.

실주를 하고 나서 "운이 나빴어. 타이밍이 좋지 않았어" 혹은 "좀 더 열심히 했어야 했는데"라고 말하는 사람들이 의외로 많다. 그러나 영업 전문가라면 "어떤 상황에서 어떤 결정을 제대로 내리지 못했어" 혹은 "어떤 시점에 누구를 만나 어떤 부분을 설명했어야 했는데"라고 구체적인 이유를 찾아낼 수 있어야 한다. 수주에 성공했을 때도 어떻게 성공했는지 설명할 수 있어야 한다. 나는 복기의 과정을 통해 성공이나 실패의 이유를 찾아냈다. 그리고 그것을 바탕으로 새로운 거래에 대한 맥락을 파악하고 전략을 수립하는 역량을 키워나가면서 전문가에 가까워질 수 있었다.

지나간 일을 되짚어보고 정리하는 복기의 힘은 비단 영업직에 국한된 이야기는 아니다. 단순하게 반복되거나 일관성이 없어 보이는 매일의 경험도 충분히 복기하면 나만의 암묵지가 되고 그것이 축적되어 나의 전문성이 된다. 회사 생활을 하면서 '하루하루 의미 없는 경험을 반복하고 있는 것이 아닌가' 고민된다면 복기하고 또 복기해보자. 이 무형식의 학습이 일을 통한 성장을 가능케 할 것이다.

시간, 쪼개지 말고 늘여 쓰기

〈해리포터〉에 등장하는 호그와트 마법 학교에는 전교 1등을 놓치지 않는 헤르미온느가 등장한다. 헤르미온느의 탁월한 성적에는 남다른 의지와 열정도 한몫했겠지만 그녀만의 비밀 무기가 하나 있다. 그것은 바로 교수님이 빌려준 시간을 되돌리는 목걸이다. 헤르미온느는 그 목걸이 덕분에 같은 시간대의 수업을 동시에 들을 수 있었고 시간을 되돌려 혼자서도 마음껏 공부할 수 있었다.

두 아이의 엄마이자 아내로서 직장 생활을 하며 야간대학원까지 다녔던 나는 아이들과 보내는 시간이 부족한 것이 늘마음에 걸렸다. 어느 주말 이러한 죄책감에 면죄부를 받는 심정으로 아이들과 〈해리포터〉를 봤다. 평소에는 아이들과 영화를 같이 보면서도 여러 가지 생각들 때문에 집중하기 힘들었다. 그런데 마법의 목걸이로 시간을 되돌려 불가능한 일을 해내는 헤르미온느를 보면서 마냥 부러워 천근같이 무거운 몸의 피로도 잊었던 기억이 난다.

당시 나는 맡겨진 일을 다 잘해낼 수는 없었기에 육아는 친정어머니에게 맡기고 회사 일에 집중했다. 서른이 넘어 영업을 시작한 나는 일을 잘하는 것이 다른 무엇보다 절박하다. 낮에는 고객사를 돌아다니고 저녁에는 고객들과 저녁을 먹거나 야근을 했다. 그러나 일에 몰입할수록 아이들에게 소홀할 수밖에 없었고 죄책감이 늘 마음을 무겁게 짓눌렀다. 아이들이 초등학교를 졸업하고 중학교를 가면서 엄마의 관심과 손길이 더욱 필요한데 일은 점점 더 많아지고 상황은 나아질 기미가 보이지 않았다.

일과 삶의 균형을 잡지 못해 헤매고 있을 무렵 전 직장 후배가 사무실로 찾아왔다. 신입사원 시절부터 공공 분야 고객을 대상으로 영업을 해온 친구였다. 업무상 접대가 많아 똑바로 서서 자기 발을 내려다볼 수 없을 정도로 배가 많이 나와 늘 안쓰러운 마음이 들었던 후배였다. 오랜만에 찾아온 그가 뱃살이 쭉 빠진 멋진 모습으로 나타나 종이 꾸러미를 내밀었다. 최근에 동화책을 써서 출판을 하려는데 추천글을 써달라는 것이었다.

　그가 얼마나 바쁘게 일해왔는지 알고 있는데 동화책까지 쓰다니 상상도 못 했던 일이었다. 나는 후배에게 시간을 늘리는 비밀 무기가 무엇인지 물었다.

　그는 결혼하기 전에는 회사 일에 충실하는 것만으로도 시간이 부족했는데 결혼하고 아이까지 생기니 이대로 살면 안 되겠다는 생각이 들었다고 한다. 그는 시간을 효율적으로 활용할 수 있는 방법을 깊이 고민했다. 그렇게 해서 찾은 방법이 삶의 터전에서 펼쳐지는 모든 일들을 서로 연결하는 것이었다. 예를 들어 전업주부인 아내에게 혼자만의 시간을 주기 위해 토요일 오전은 아이와 놀아주기로 했다. 그 시간에는 아이와 함께 최대한 많이 움직일 수 있는 활동을 하며 부족한 운동량을 채웠다. 그리고 아이에게 이야기를 지어서 들려주다 보니 동화책 한 권 분량이 되었고, 어느덧 어릴 적부터 꿈꿔 왔던 동화작가가 되었다고 한다.

　그가 발견한 마법의 목걸이는 하나의 일에 여러 가지 목표를 집어넣어 한꺼번에 달성하는 것이었다. 즐거운 멀티태스킹 덕분에 그는 회사에서는 영업 담당으로서 실적도 좋아지고, 그동안 미뤄왔던 다른 일들도 병행할 수 있게 되었다.

후배가 돌아간 후 나는 '늘 부족한 시간에 허덕이면서도 시간을 쪼개 쓸 생각만 했지 시간을 늘여 쓸 생각을 하지 못했구나' 하는 생각이 들었다. 특히 개인적인 삶의 영역과 일의 영역을 구분하지 않고 연결해서 효율을 높이는 창의적인 접근 방법이 뇌리를 번쩍 깨웠다. 그때 이후로 나 역시 무슨 일이든 다른 일과의 연관성을 찾아 한 가지 일에 2가지 이상의 목표를 연결하는 방식을 조금씩 시도해나갔다. 후배의 시간 관리법을 내 삶에 적용하기 시작하면서, 언젠가부터 나는 더 이상 시간에 쫓기지 않았다. 주도적으로 시간을 관리하고 배분할 수 있게 되면서 전보다 더 많은 여유를 누릴 수 있었다.

회사 일, 운동, 두 아들과의 소통, 남편, 업계 사람들과의 네트워킹, 여성단체 활동, 강연, 두 번째 커리어 준비, 동창회 활동 등은 내가 오랫동안 꾸준히 해오고 있는 일들이다. 그 가운데 10여 년째 이어오고 있는 여성단체 WIN Women in INnovation 활동이 있다. WIN은 리더로 성장하고 싶은 여성 직장인들을 돕는 단체로 여성들이 어려워하는 리더십 주제를 가지고 1년에 두 번씩 컨퍼런스를 열고 있다. 제법 큰 규모의 행사여서 준비하는 데 꽤 많은 시간을 할애해야 하지만 20회째 진행하면서 회를 거듭할수록 나의 리더십을 발전시킬 수 있었다. 지금은 리더십 전문가로 외부 강연도 하고 있다. 직장을 그만두면 리더십 개발 관련 일을 해볼 수도 있다. WIN 활동을 통해 나는 봉사 활동, 자기계발과 세컨드 라이프2nd Life 준비 3가지를 동시에 해온 셈이다.

일상에서도 연결 지을 수 있는 것들이 아주 많다. 아들이 한창 방황하던 시기에 우리는 주말 등산을 시작했다. 물론 함께하면 용돈을 주겠다며 시작한 일이지만 덕분에 아들과 대화도 나누고 내 건강도 챙길 수 있었다. 함께 등산하면서 우리는 서로를 많이 이해할 수 있게 되었다. 어릴 적 1년에 한번도 학교에 찾아오지 않은 엄마가 섭섭했다는 아들은 이제 자신과 말이 통하는 엄마가 자랑스럽다고 말한다. 오랫동안 아이들에 대한 죄책감으로 시달렸지만 이제는 어느 정도 자유로워졌다.

어머니가 살아 계실 때는 주말마다 같이 대중목욕탕을 다녔다. 내가 좋아하는 사우나를 즐기면서 우리 아이들을 키워주시느라 고생하신 어머니와 함께 시간도 보내고 등도 밀어드렸다. 생각해보면 이런 시간 관리 전략은 우리 조상들에게 매우 친숙한 시간 관리술이라는 생각이 든다. 우리 속담에 "님도 보고 뽕도 따고", "도랑 치고 가재 잡고", "꿩 먹고 알 먹고", "누이 좋고 매부 좋고", "마당 쓸고 돈도 줍고"와 같이 한 가지 일로 2가지 이득을 얻는다는 표현이 많지 않은가.

나에게는 시간을 되돌리는 마법의 목걸이가 없다. 하지만 하나의 일에 여러 가지 목표를 연결하면서 일과 개인적인 삶을 모두 챙길 수 있었다.

회의를 하기 위해 모이는 것 자체가

중요한 것이 아니다.

회의에서 다룰 어젠다와 콘텐츠가 핵심이다.

회의가 조직이 움직이는 리듬이라면

리더는 지휘자이다.

팀의 리더는 조직에 리듬을 부여하고

참여도와 몰입도를 최대한 높여

팀원들이 리듬에 따라 춤추게 해야 한다.

음악에서 리듬이 가장 중요한 요소이듯이

팀 활동에서도 리듬은

최우선 순위로 고려되고 운영되어야 한다.

3장

좋은 리더는
팀의 리듬을 만듭니다

리듬으로 지휘하는 팀워크

리듬은 일정한 박자나 규칙에 따라 음의 장단, 강약 등이 주기적으로 반복되는 것을 말한다. 음악에서 멜로디는 리듬을 타고 흘러간다. 마찬가지로 조직에서도 주기적으로 반복되는 행사나 의식이 있다. 예를 들면 정기 미팅 같은 것이다. 주간회의, 월간회의는 기본이고 매일 아침 조회 시간을 갖는 조직도 있다. 일정한 주기를 가지고 정기적으로 행해지는 회의는 조직의 전형적인 리듬이라고 할 수 있다.

내가 새로운 조직을 맡으면 반드시 하는 일이 있다. 바로 기존의 리듬, 즉 회의 체계를 파악하는 것이다. 회의를 들여다보면 조직이 어떤 체계로 일하는지 한번에 파악할 수 있다.

영업 부문처럼 숫자를 다루는 조직은 숫자를 어느 정도의 주기로 챙기는지, 다른 부서나 팀과는 어떻게 커뮤니케이션을 하는지도 회의로 알 수 있다.

새로운 부서를 맡고 업무를 파악하기 위해 주간회의에 참석했다가 깜짝 놀란 적이 있다. 월요일 아침 1시간 반에 걸쳐 진행되는 회의에서 10명에 가까운 팀원들이 하나씩 돌아가며 각자의 매출 예상치와 본인이 맡은 고객사에서 발생한 이슈에 대해 설명하는 것이었다. 한 명이 이야기하는 동안 나머지 팀원들은 자기 차례를 준비하거나 다른 일을 하고 있었다. 팀 전체가 참여하는 회의가 아니라 팀장과 팀원의 일대일 미팅 10개가 회의 시간 내내 이어지는 것이었다.

이런 회의에 활력이 있을 리 만무하다. 월요일 아침을 이렇게 보내고 나면 남은 일주일도 맥이 빠진다. 매주 매출 확인이 필요하다면 CRM 데이터를 보면서 10분 정도 간단하게 짚은 다음 나머지 시간은 팀원들 공통의 주제를 다루어야 한다. 팀원 개인별로 다루어야 할 사안들은 짧게라도 일대일 미팅을 따로 잡는 것이 시간을 효율적으로 쓰는 방법이다.

회의가 조직이 움직이는 리듬이라면 리더는 지휘자이다. 지휘자는 조직의 역할과 목적이 무엇인지, 다른 팀과 어떤 협업이 필요한지에 따라 리듬을 세팅하고 조율해야 한다. 회의를 하기 위해 모이는 것 자체가 중요한 것이 아니다. 회의에서 다룰 어젠다와 콘텐츠가 핵심이다. 함께 모여서 체크해야 할 것이 무엇인지, 공유하거나 협의해야 할 것이 무엇인지, 어젠다가 정해져야 효과적인 회의가 이루어질 수 있다. 또한 정해진 시간에 회의 목적을 달성하기 위해서는 누가 참석해야 하는지, 각자 무엇을 준비하고 발표할지를 분명히 정해두어야 한다.

글로벌 회사는 회계 연도가 시작되면 본사에서 각 지사에 블루프린트(조직의 청사진)를 내려준다. 각 부서의 인원수를 비롯해 개개인의 역할과 평가 방식을 정해주는 것이다. 이때 본사는 개인이나 팀이 각자의 역할에 따라 어떻게 협업해야 할지에 대한 가이드를 제공하기도 한다. 그러면 지사는 각 팀에 부여된 목표와 역할, 협업 가이드를 바탕으로 비즈니스 목표를 어떻게 달성할지 계획을 세운다.

물론 본사에서 내려오는 가이드가 지나치게 엄격하고 경직되어 현지 사정을 반영하지 못하는 경우도 있다. 하지만 이 가이드가 전 세계에 흩어져 일하는 직원들이 하나의 방향으로 움직일 수 있도록 북극성 역할을 하는 것은 틀림없다. 현장의 리더들은 이 가이드에 따라 각자의 팀에 맞는 리듬을 만들고 비즈니스를 실행하며 목표를 달성해나간다.

이렇게 만들어진 리듬은 조직의 분위기를 만들고 더 나아가 조직문화로 자리 잡는다. 조직의 리듬에는 주 단위나 월 단위 회의도 있고 분기나 연간으로 진행하는 행사나 의식도 포함된다. 리더는 리듬의 강약이나 완급, 호흡 조절을 통해 조직의 활력을 이끌어내기도 한다. 실적을 공유하는 것, 어렵게 성사한 거래를 함께 축하하는 것도 중요한 리듬이라 할 수 있다.

음악에서 리듬이 가장 중요한 요소이듯이 팀 활동에서도 리듬은 최우선 순위로 고려되어야 한다. 상사의 갑작스러운 회의 요청이나 긴급 상황 발생 등으로 인해 팀원들과의 정기적인 회의를 쉽게 취소하는 경우가 종종 있다. 이것은 팀의 활동에 악영향을 준다. 피치 못할 사정이 아니라면 다른 활동의 우선순위를 조정하여 팀의 리듬을 깨지 않는 것이 중요하다.

팀의 리더는 조직에 리듬을 부여하고 참여도와 몰입도를 최대한 높여 팀원들이 리듬에 따라 춤추게 해야 한다. 그 리듬에 맞춰 팀원들이 하모니를 이루고 최상의 팀워크를 발휘하게 하는 것은 조직의 리더가 반드시 익혀야 하는 성과 관리의 중요한 기술이자 핵심 요소임을 명심해야 한다.

취약함을 인정할 때 리더가 된다

주위 사람들은 나를 활발한 사람으로 본다. 하지만 나는 어릴 적부터 남달리 겁이 많았다. 어두운 밤길을 혼자 걸어갈 때면 바스락거리는 소리에도 소름이 돋았다. 하지만 그보다 더 무섭고 싫었던 것은 남들에게 좋지 않은 평가를 받는 것이었다. 학창 시절 내내 좋은 성적을 받았던 것은 어쩌면 나쁜 평가를 받는 것에 대한 강박적인 두려움 때문이 아니었나 싶다.

그런 내가 사업 조직을 맡고 처음 직원 설문 결과를 받았을 때의 충격이 아직도 생생하다. '리더가 너무 달린다, 오직 실적 달성만을 최우선 가치로 두는 것 같다, 리더가 너무 바빠 개인적인 상담을 요청할 수가 없다, 일과 개인적인 삶의 균형이 불가능하다' 등의 피드백이 빼곡히 쓰여 있었다. '열정적이다, 고객 중심적이다, 리더가 솔선수범하니 열심히 하지 않을 수 없다' 등의 긍정적인 피드백도 있었지만 '비슷한 급여의 외부 기회가 있다면 이직을 고려하겠는가'라는 질문에 '예'라고 답한 직원의 수가 예상외로 많았다.

처음 사업 책임자로 임명되어 한창 의욕이 넘치기도 했지만 평소에도 나는 '무릇 목표란 무조건 달성해야 하는 것'이라는 소신을 가지고 있었다. 더구나 처음 팀을 맡고 보니 잘해내고야 말겠다는 의욕만큼이나 두려운 마음이 있었고 내역량을 보여줘야 한다는 부담이 컸던 것도 사실이다. 사업 책임자로서 더욱 열심히 일하고 회사와 직원들의 성장도 소홀히 하지 않는다고 생각했다. 그런 나에게 가혹한 평가를 하는 직원들에 대한 실망과 원망이 컸다. 익명으로 진행된 조사였다고는 하지만 당시 직원들의 얼굴을 쳐다보기조차 민망할 정도였다.

팀원들과 서먹서먹한 관계를 극복하고 앞으로 팀을 잘 이끌어나가려면 어떻게 해야 하나 며칠을 끙끙 앓으며 고민했다. 결국 나는 설문 결과를 직원들과 공유하고 진지하게 이야기해보려고 전체 미팅을 소집했다. 우선 솔직한 피드백에 대해 고마움을 표시했다. 그리고 나서 긍정적인 피드백과 부정적인 피드백 모두를 공유하고 팀원들이 제기한 문제들을 개선하기 위해 어떻게 하는 것이 좋을지 허심탄회하게 논의했다.

팀 리더십 개선을 위한 브레인스토밍 회의는 성공적이었다. 상당히 껄끄러운 주제였는데도 직원들의 목소리를 그대로 공개하면서 실망과 원망이 섞인 나의 마음까지 터놓자 모두 미안한 마음과 계면쩍은 마음을 지우려는 듯 적극적으로 회의에 동참했다. 리더십에서 출발한 문제였지만 우리 팀이 함께 실행해볼 수 있는 몇 가지 변화 계획을 세울 수 있었다. 이후에도 지속적으로 실천 계획이 진행되는 상황을 공유하고 피드백을 받으면서 조금씩 개선해나갔다.

대체로 회사에서는 유능한 실무자들이 팀장으로 발탁된다. 하지만 제아무리 유능한 실무자도 팀장이 되는 순간부터 '초보 팀장'으로 새롭게 부여된 업무를 시작해야 한다. 문제는 팀장이라는 역할이 익숙하지 않고 서툰 것이 당연한데도 이전의 평가에 얽매여 곧바로 유능한 팀장이 되고 싶어 한다는 것이다.

이런 이유로 초보 팀장은 힘들어도 힘들다고 말하지 못하고 부족해도 부족함을 드러내지 못해 답답할 뿐이다. 또 팀원들에게 리더의 권위를 내세우려다 보면 오히려 팀원들의 목소리를 잘 듣지 못하는 악순환에 빠진다. 강하고 완벽해야 한다는 강박관념은 아이러니하게도 실패할지 모른다는 두려움으로 이어지기도 한다. 나 자신이든, 함께하는 팀원이든 부족하다는 생각을 하며 일하기 때문에 다른 사람들을 칭찬할 마음의 여유를 갖기도 어렵다. 이렇게 조바심을 가지고 일하면 업무상 중요한 타이밍을 놓치고 사업적으로 좋은 기회를 포착하지도 못한다.

나처럼 '아직도 할 일이 태산인데 안주하면 안 된다'고 생각하여 팀을 과하게 몰아붙이는 경우도 발생한다. 그러다 일이 잘못되기라도 하면 원인을 찾아서 예방하려고 노력하기보다 책임을 떠넘길 사람을 찾아 전전긍긍하게 된다. 이런 리더 밑에서는 팀원들이 기대를 접고 슬금슬금 마음을 닫을 뿐만 아니라 침묵하기 시작한다. 문제가 있어도 적극적으로 보고하지 않고 리더와 더불어 해결책을 찾기보다 은폐하기 급급하다. 입을 열지 않는 것이 상책이라고 여기는 것이다.

다른 사람들에게 사랑받고 존경받고 싶어 하는 것은 인간의 자연스러운 욕구이다. 더구나 조직의 리더가 되면 더욱 그렇다. 그래서 무엇인가 잘못되었거나 어려운 일이 닥쳤을 때 나의 부족함을 인정하기가 쉽지 않다. 초보 팀장들은 혼자 일하는 것이 아니라 협업과 공동의 노력을 통해 성과를 달성한다는 사실을 끊임없이 상기할 필요가 있다. 팀장은 혼자 일을 짊어지는 사람이 아니라 팀워크를 이루고 팀원들과 더불어 문제를 풀어가는 사람이다. 이런 관점으로 생각하면 자신의 '부족함'을 다르게 바라볼 수 있다. 감당하기 힘든 목표에 혼자 스트레스를 받거나 위임된 권한을 무절제하게 휘두르는 것이 아니라 오히려 팀원들에게서 문제를 풀어갈 힘을 얻을 수 있다.

설령 감당하기 힘든 목표가 주어지더라도 그것을 달성하기 위해 무엇을 해야 할지 팀원들과 머리를 맞대고 함께 고민하는 것이 리더의 역할이다. 그 과정에서 어려운 문제는 함께 풀어야 할 '우리'의 과제가 되고 팀원 각자의 역할에도 의미가 부여된다. 팀원들에게 무조건적인 충성을 강요할 이유도 사라지면서 그들을 함께 여행하는 동행으로 인식하게 되는 것이다.

〈취약성의 힘〉이라는 제목의 TED 강연으로 유명한 브레네 브라운은《마음 가면Daring Greatly》에서 우리가 자신의 나약함과 부족함을 이겨내고 간절히 바라는 사람이 되려면 갑옷과 투구를 벗고 우리의 진짜 모습을 보여줘야 한다고 말한다. 부족함을 인정한다고 해서 나약한 것이 아니다. 약한 모습을 숨기고 겉으로 강한 척하는 것보다는 오히려 부족함을 인정할 때 우리는 훨씬 강해질 수 있다.

리더의 역량은 함께하는 팀에서 나온다. 팀원들은 강한 척하는 리더가 아니라 자신의 부족함을 솔직히 드러내고 팀원들과 함께하려는 리더에게 힘을 실어주고 지혜를 보태주는 법이다. 허술해 보일 수 있지만 내 모습 그대로 드러내는 용기가 리더에게 필요한 이유다.

간섭하거나 동행하거나

'대리'라는 별명을 가진 팀장이 있다. '대리급 팀장'은 마이크로매니저micromanager에게 붙이는 별명이다. 시시콜콜 아주 조그만 사안까지 보고할 것을 요구하며 개별적인 업무에 일일이 개입해서 팀원들을 지나치게 억압하는 매니저를 이른다. 마이크로매니저는 팀원 개인의 재능이나 창의성을 억압하여 팀의 성과를 제한한다. 그런데 이러한 마이크로매니징도 문제가 되지만 이를 피하려다 더 큰 문제를 초래하는 경우도 있다. 형님 영업에 익숙한 매니저들에게서 주로 나타나는 모습인데 마이크로매니저라는 불명예를 얻고 싶지 않아 챙겨야 할 부분들을 방치하는 우를 범하는 것이다.

물론 마이크로매니저와 '책임 있는 영업 리더' 사이에서 균형을 잡기가 쉬운 일은 아니다. 한 끗 차이로 팀원을 억압하는 상사가 되기도 하고 팀원의 성장을 돕는 리더가 되기도 한다. 나는 둘 사이의 균형을 잡기 위해 팀원의 영업 현장에 동참하는 것에서 실마리를 찾는 편이다.

영업팀장으로 일할 때였다. 지방 출장이 당일 아침에 취소되어 하루 일정이 비게 되었다. 무엇을 할까 고민하던 중 요즘 실적도 좋지 않고 의욕도 없어 보이는 김 대리가 생각났다. '오늘은 김 대리 일정에 함께해야겠다'고 마음먹고 전화를 했다. 상황 설명을 하고 고객사의 1층에서 만나자고 했다. 그런데 김 대리의 목소리가 갑자기 작아지더니 고객사 미팅이 취소되었다고 하는 것이다.

김 대리의 원래 일정에는 오전 고객사 방문, 다른 고객과 점심 식사, 오후 고객사 방문이 있었다. 하지만 우리는 오후에 고객사 한 곳을 방문하는 것으로 그날 일정을 마쳤다. 그마저도 원래 일정에 있던 고객이 아니었다. 미팅에 참석해서 대화 내용을 듣고서야 그날 미팅이 갑자기 잡혔다는 것을 알았다.

조직의 리더가 영업사원과 고객사를 동행하는 것은 주로 레벨 영업(고객사의 임원을 만나는 것)을 위한 것이라고 생각하는

데 그에 못지않은 중요한 이유가 있다. 바로 팀원에 대한 실무 코칭 기회를 확보하는 것이다. 팀원이 고객을 대하는 모습은 어떠한지, 미팅 준비는 제대로 되어 있는지, 자신의 의견을 명확하게 전달하는지, 협상 기술은 제대로 발휘하고 있는지 등을 모두 파악하고 추후 코칭 기회로 활용하는 것이다.

그러므로 영업 리더가 팀원들과 함께 고객사를 방문할 경우에는 우선 목적을 분명히 해야 한다. 뭔가를 가르치고 보여주기 위해 함께하는 것인지, 짐작만 하고 있는 팀원의 문제를 관찰하고 확인하고자 하는 것인지 혹은 팀플레이로 수주를 확실히 돕기 위한 것인지 목적을 분명히 정하고 고객과 팀원에게 모든 감각을 집중해야 한다.

신규 입사자의 경우 교육 목적으로 반드시 동행할 필요가 있는데, 그것도 빠를수록 좋다. 신규 입사자는 자신이 판매하는 제품이나 서비스의 내용뿐만 아니라 영업 프로세스도 낯설 수 있다. 팀장이 동행하면서 직접 지도하는 것은 상당히 효과가 높은 코칭이다. 그 외에도 특정 영업 단계를 넘어서지 못하는 직원, 가격 협상에서 항상 밀리는 직원이 있다면 동행하여 어떻게 하는 것이 옳은지 숙달된 조교의 모습을 보여줄 필요가 있다. 이 경우에는 고객을 방문하기 전에 왜 동행하는지, 어떤 기술을 상세히 관찰해야 하는지 알려주고, 방문 후에 관찰한 것들을 정리해서 보고하라고 하는 것이 좋다.

한편 팀원의 문제를 관찰하고 피드백을 줄 목적으로 미팅에 동행할 경우에는 최소한으로 개입하고 팀원을 관찰하는 데 집중해야 한다. 관찰자로서 미팅을 지켜보면 팀원이 현재의 영업 단계를 어떻게 바라보고 있는지, 상황을 어떻게 이끌어가는지 확연히 드러난다. 이때 동행 목적을 보다 효과적으로 달성하기 위해서는 추후에 구체적인 피드백을 주는 것이 필수이다. 본인이 의식하지 못한 채 습관적으로 하는 말이나 행동이 수주에 부정적인 영향을 줄 수도 있고, 오히려 경쟁사에 우리 측의 전략을 노출하는 위험한 상황을 만들어낼 수도 있다.

나와 함께 일하던 팀원 중에 모든 거래에서 기술자들의 시간을 과하게 투입하는 직원이 있었다. 원인을 찾기 위해 고객 미팅에 동행해보니 고객이 경쟁 제품에 대해 언급하면 곧바로 성능 테스트를 해보자고 제안했던 것이다. 물론 필요한 경우도 있지만 굳이 하지 않아도 되는 상황에서도 매번 성능 테스트를 제안하는 것이 문제였다. 영업 기간도 줄이고 기술자들의 시간도 아낄 수 있는 거래에서도 실주할까 봐 걱정하는 마음이 앞섰던 것이다.

팀플레이로 수주를 돕기 위한 경우에는 주로 회사를 대표해서 협상을 한다. 이때는 팀원을 믿지 못해 따라온 것이 아니라 매니저가 동행할 만큼 회사가 신경 쓰고 있다는 점을 고객이 인식할 수 있도록 해야 한다.

가끔은 예고 없이 동행해볼 필요도 있다. 팀원이 얼마나 짜임새 있게 시간을 쓰고 있는지 파악할 수 있고, 차 안에서 개인적인 얘기도 나누다 보면 좀 더 가까운 관계를 형성할 수 있다. 출장이 취소된 날 나는 김 대리가 시간을 계획적으로 쓰지 못한다는 것을 발견했고 적절한 코칭을 해주었다.

좋은 영업 리더가 마이크로매니저와 다른 점이 있다. 본인의 주관적인 판단으로 모든 사안을 통제하거나 파악하기보다 진정성에 기반해 팀원의 성장에 초점을 맞춘다는 것이다. '숫자(영업 실적)가 인격'이라고 다그치는 것이 아니라, 숫자를 만들어내는 과정에 관심을 갖고 함께하는 리더가 되어야 더 나은 성과를 지속적으로 만들어낼 수 있다.

온도계가 아닌 온도조절기가 돼라

경영자들은 항상 보고에 목말라한다. 경영 활동은 크고 작은 의사 결정의 연속이며, 각각의 결정에는 판단의 근거가 요구되기 때문이다. 경영진은 효율적인 현황 파악을 위해 끊임없이 보고서를 요구하고, 더 자세한 설명을 듣기 위해 회의를 한다. 특히 매트릭스로 운영되는 조직(구성원이 원래의 종적 계열에 소속됨과 동시에 횡적 계열이나 프로젝트 팀의 일원으로서 임무를 수행하는 조직 형태)이라면 보고의 형태와 복잡성이 급격히 증가한다. 어느 정도 규모 이상의 기업은 심지어 보고만 전담하는 부서나 직원이 있을 정도이다.

그렇게 끊임없이 보고를 요구하니 현장에서는 현황을 취합하는 상급 부서나 리더 때문에 일을 못 하겠다는 볼멘소리가 나오기도 한다. 올려 보낸 보고서에 대한 피드백은 없고 유사한 사안조차 양식을 변경하여 보고를 요구하니 '도대체 소는 언제 키우냐'는 불만이 터져나온다.

조직이 보고에 너무 많은 시간을 빼앗기고 있다는 의심이 들면 리더는 보고가 적절한지 찬찬히 살펴볼 필요가 있다. 현장으로부터 보고를 위한 보고라는 불만이 터져나오면 보고 행위 자체에 문제가 있다고 봐야 한다. 특히 중간관리자나 실무자들이 보고서를 작성하느라 정작 본연의 활동에 부담을 느낄 정도라면 보고에 대한 점검 및 혁신이 필요하다.

보고가 적절히 이뤄지고 있는지 살펴볼 때는 목적과 내용, 형식, 빈도와 강도 그리고 중복 여부 등을 고려해야 한다. 적절한 피드백 없이 일방적인 보고만 이뤄진다면 비록 강도나 횟수가 과하지 않더라도 개선이 필요하다.

보고를 위한 보고를 줄이기 위한 몇 가지 조치가 있다. 영업조직의 경우 통상적인 실적 보고나 중간 현황 보고는 영업관리 시스템을 통한 보고로 대체하는 것이 효율적이다. 많은 회사에서 관리 시스템을 구축해놓고도 별도로 수작업 보고서를 요구하여 보고 업무를 가중시키고 있다. 대개의 경우 통상적인 보고 업무는 기본적인 데이터 입력 위주로 간소화하고 보고 자료 형식 변경 및 분석 작업은 시스템의 리포팅 기능 개선이나 변경만으로 충분히 가능하다.

이미 현황 보고가 시스템을 통해 이루어지고 있다면 조직의 리더는 불필요하게 중복되는 추가 보고가 이뤄지지 않도록 적절히 제동을 걸어야 한다. 실무자들이 리더에게 바라는 바람막이 역할이 바로 이런 것이다.

또 다른 방안으로는 상급 부서나 리더가 보고에서 취합된 데이터를 어떻게 분석하고 적절히 피드백하고 있는지, 보고 이후 분석된 내용을 적절히 활용하고 있는지 살펴보는 것이다. 수많은 보고가 이루어지지만 적절한 분석에 근거하지 않는 일방적인 명령 하달 또한 절망적이기는 마찬가지다. 시시포스에게 내려진 신의 가장 가혹한 형벌은 다시 굴러떨어질 바윗덩이를 산 위로 밀어 올리는 것 아닌가? 사람을 가장 힘들게 하는 것은 뻔히 알면서도 해야만 하는 헛된 노력이다. 내가 밀어 올린 바위가 성을 쌓기 위한 것인지, 댐을 만들기 위한 것인지 설명해주지 않는다면 조직에는 심한 좌절감에 빠지는 시시포스들이 많을 것이다. 현장의 보고에 귀 기울이고 이에 근거하여 적절한 의사 결정이 신속히 이루어질 때 조직의 명령은 권위를 가진다.

현장에서 일하다 보면 때로 이해되지 않는 명령이나 지시가 내려올 때가 있다. 상부 조직의 의도를 제대로 해석하지 못하고 전전긍긍하거나 무조건 '돌격 앞으로'를 외치는 리더들이 의외로 많다. 이런 리더들은 팀원들을 좌절하게 만들고 조직의 효율을 떨어뜨린다. 그래서 명확하지 않은 지시 내용에 대해서는 즉각 설명을 요청할 수 있는 업무 분위기를 만드는 것이 더욱 절실하다.

조직 내에서 보고가 온도를 재는 행위라면, 이에 상응하여 온도 조절을 위한 적절한 조치가 이루어져야 한다. 리더는 단순히 보고의 출납을 담당하는, 온도를 측정만 하는 온도계로 스스로의 역할을 한정하지 말아야 한다. 적정한 온도인지 판단하고 조절하는 역할, 즉 적절한 피드백과 명령을 내리는 온도조절기가 되어야 할 것이다.

조직의 명령과 보고의 적절성을 예민하게 측정하고 모니터링하여 팀원들에게 과부하가 걸리지 않도록 해야 한다. 팀원이 최적의 활동을 할 수 있도록 업무 부하량과 자원 배분을 적시에 효율적으로 조율하는 것이야말로 리더의 존재 이유다. 리더는 항상 자신의 역할이 온도계가 아니라 온도조절라는 것을 잊지 말아야 한다.

인재를 발굴하는 질문

30년 이상 커리어를 쌓아오다 보니 인재를 선발하는 자리에 인터뷰이 또는 인터뷰어로 참여한 경험이 많다. 그때마다 느끼는 것이지만 인재를 선발하는 최종 인터뷰의 긴장감은 말로 다 표현할 수 없다.

대부분의 사람들이 '인사가 만사'라는 것에 동감할 것이다. 비즈니스에서 인사보다 중요하고 결정적인 것도 없다. 굳이 비즈니스 격언을 들먹일 필요 없이 나의 지난 경험을 돌아봐도 좋은 인사의 출발은 필요한 사람을 제대로 뽑는 것이다. 그런데 막상 조직을 운영하다 보면 채용에 실패하는 경우가 의외로 많다. 사람과 관련된 일이라 의사 결정 과정에 변수가 많기 때문이다.

좋은 사람을 찾는 것은 분명 중요한 일인데도 예산 확보나 사전 승인 과정이 길어져 인재 선발 자체에 충분한 시간을 확보하지 못할 때가 있다. 시간에 쫓기다 보면 인상만 보고 뽑는다는 '인상 면접'으로 흐르기 쉽고, 자신의 인적 네트워크 내에서 기존에 잘 아는 사람들을 선발하는 경우도 적지 않다. 그러다 보면 채용한 인력이 기대에 못 미치는 것이다.

물론 회사가 원하는 훌륭한 사람을 뽑아놓고도 그 사람이 성과를 제대로 낼 수 있는 환경을 만들어주지 못해 결국 좌절하고 회사를 떠나는 경우도 비일비재하다. 조직이 탁월한 성과를 지속적으로 실현하기 위한 첫 단추는 제대로 된 사람을 뽑는 것이다.

30년 커리어에 네 번의 이직을 경험했다. 이름만 대면 알 만한 유수의 글로벌 기업 몇 곳을 거치면서 그들이 얼마나 채용을 중요하게 여기는지 뼈저리게 느꼈다. 인터뷰를 비롯한 그들의 채용 프로세스는 체계적으로 운용되고 있었다. 이러한 경험을 통해 '인상 면접'이나 '후배 챙기기식의 채용'에서 어느 정도 벗어났다고 자부한다. 그런데 최근 아마존과의 인터뷰 경험은 리더로서 인재 채용에 대한 나의 태도와 관행이 그들만큼 철저했는지 돌아보는 소중한 기회가 되었다.

아마존 웹사이트에는 그들이 채용 과정을 어떻게 바라보는

지 상세히 나와 있다.

"우리는 과거에 본인이 직면했던 어떤 상황이나 문제들에 대해 질문하고 그것을 어떻게 다루고 해결했는지를 묻습니다. 예를 들어 어떤 문제에 부딪혔는데 그것을 해결하는 방법이 여러 가지였던 상황을 얘기해주세요. 여러 가지 선택지 중에 어떤 방법을 선택하고 행동했으며, 그 결과는 어땠습니까? 위험을 감수한 경험을 얘기해주세요. 어떤 상황에서 어떤 위험을 감수했으며 그 과정에서 어떤 실수나 실패가 있었습니까? 그리고 그에 대해 어떻게 대응했고 그 경험을 통해 어떤 배움을 얻었습니까?"

나를 검증하기 위한 인터뷰는 세 번의 사전 인터뷰와 일곱 번의 인터뷰로 진행되었다. 일곱 번의 본 인터뷰는 아마존의 리더십 원칙 14가지를 7명의 면접관이 한 명당 2가지씩 검증하는 방식이었다.

본 인터뷰의 첫 번째 면접관은 나에게 이런 질문을 했다. "어떤 결정을 내려야 하는데 충분한 데이터가 없었던 경우에 대해 이야기해주세요. 어떤 과정을 거쳐 결정을 내렸고 그것은 옳은 결정이었습니까?" 이것은 '리더는 항상 옳다'는 아마존의 리더십 원칙을 검증하기 위한 질문인 것 같았다. "리더는 옳다. 그들은 강한 판단력과 좋은 직관을 가지고 있다. 그들은 항상 다양한 관점을 추구하며 자신의 신념이 정말 맞는 것인지 의심하고 확인한다."

나는 마이크로소프트에서 엔터프라이즈 사업부를 맡게 되었을 때 금융사업팀의 매니저를 내부에서 승진시킬지, 외부에서 찾을지를 결정했던 과정에 대해 설명했다.

아마존의 인터뷰 방식은 지원자가 본인이 경험한 상황에서 어떤 판단이나 행동을 취했는지 설명함으로써 회사가 생각하는 인재의 기준에 부합하는지를 판단하는 것이었다. 실제로 몸으로 부딪히며 경험하지 않은 사람, 작든 크든 실패든 성공이든 경험에서 배우고 성장하는 습관을 가지지 않은 사람들은 통과하기 힘든 인터뷰였다.

나 역시 인터뷰에서는 반드시 '개방형 질문을 하여 지원자의 경험과 역량을 구체적으로 확인해야 한다'는 교육을 받아왔다. 하지만 아마존의 인터뷰 방식은 회사의 리더십 원칙에 부합하는 사람을 걸러낸다는 측면에서 매우 독특했고 준비하기도 쉽지 않았다. 인터뷰 내내 나의 경험을 돌아보며 무엇을 배우고 어떻게 성장해왔는지 생각했고 나의 리더십을 평가해볼 수 있었다. 그리고 지금까지 나의 인터뷰 프로세스가 얼마나 부족했는지를 돌아보게 되었다.

탁월한 성과를 내는 팀을 만드는 데 있어 출발은 좋은 인재를 선발하는 것이다. 한 명의 잘못된 사람을 선택했을 때의 손실은 생각보다 크다. 후보자를 찾고 인터뷰를 하는 데 드는 시간, 입사하고 정착하기까지 투입되는 에너지, 적합하지 않은 사람이라는 것을 발견할 때까지 소비되는 시간, 그리고 그 사람을 내보내고 새로운 사람을 찾아서 다시 정착시키기까지 어마어마한 시간과 노력이 필요하다. 그 사람이 회사를 대표하여 고객을 만나는 영업사원이라면 더욱 그렇다. 회사의 신뢰와 매출에 미치는 영향도 클 것이다. 회사와 잘 맞지 않는 인재를 내보내는 과정은 이를 지켜보는 다른 직원들에게도 부정적인 영향을 끼치고 회사에 대한 실망감도 커질 수밖에 없다.

모든 조직이 아마존과 같을 수는 없다. 그래도 기업이라면 최소한 인재를 뽑는 나름의 가치와 기준은 있어야 한다. 특히 팀을 이끄는 리더라면 우선 채용하는 사람이 맡게 될 역할, 필요한 역량, 경험을 구체적으로 정의하고, 인터뷰 프로세스와 질문을 통해 충분히 검증할 수 있어야 한다. 영업사원을 채용한다면 잠재 고객은 어떻게 발굴해왔는지, 주요 고객들과의 관계는 어떠했는지, 기존에 판매했던 제품의 성격과 우리 회사의 제품은 어떻게 다른지, 상대해야 할 고객층은 유사한지를 확인해야 한다.

지원자가 이전 직장에서 큰 성공을 거두었다면 그가 성공할 수 있었던 환경도 살펴야 할 것이다. 제품이 시장에서 독보적인 위치를 가지고 있고, 회사의 지원 시스템도 잘 갖춰진 곳에서 성공을 거뒀다면 더욱 그렇다. 치열한 경쟁 환경에 놓여 있는 작은 조직에서 많은 것들을 혼자 해야 하는 상황에서도 성공을 반복하리라고 보장할 수는 없기 때문이다. '이 모든 것들을 해보았습니까?'가 아니라 '어떤 상황에서 어떻게 해냈고 그 과정에서 무엇을 배웠습니까?'라는 질문들로 그의 경험과 역량을 확인해야 한다.

'인사가 만사'라는 구호만으로 좋은 인력을 선발하고 운용할 수는 없다. 팀의 리더는 채용이라는 중대한 프로세스를 단지 인사팀에 전적으로 일임해서는 안 된다. 지원자의 역량을 어떻게 검증하고 평가할 것인지 깊이 고민하고 자체적인 시스템을 구축해야 한다. 그렇게 만든 채용 프로세스를 지속적으로 개선하고 다른 업무보다 우선순위에 두어야 한다. 다시 한 번 말하지만 인사가 만사다.

변화의 주체로 만드는 대화

모수자천의 용기를 내어 시트릭스시스템즈의 한국 지사장이 된 지 만 5년여 만에 퀘스트소프트웨어라는 곳에서 채용 관련 연락을 받았다. 지사장을 찾고 있는데 특히 내가 여성이고 업계에 평판도 좋아서 관심이 많다고 했다. 퀘스트소프트웨어는 솔루션을 사용하고 있는 한국 고객의 저변이 넓어 비즈니스가 잘된다는 소문이 나 있던 터라 역량이 뛰어난 지사장 후보자들을 대상으로 인터뷰를 진행하고 있었다.

나 역시 후보자 중의 하나로 추천되어 인터뷰를 하게 되었고, 몇 번의 인터뷰를 모두 통과하고 나의 최종 결정만 남은 상황이었다. 지난 5년간 시트릭스의 비즈니스도 잘되어왔기에 이제는 나 없이도 잘 돌아가리라는 생각이 들었다. 이 과정에서 열정적으로 몰입하느라 개인적으로 지치기도 했고 새로운 도전과 활력을 불어넣을 환경의 전환이 필요했기에 나는 퀘스트소프트웨어로 자리를 옮기기로 마음을 굳혔다.

그런데 계약서에 서명하고 입사일을 기다리는 동안 그 회사에 대해 좋지 않은 얘기들을 듣게 되었다. 회사의 경영과 조직의 상태가 인터뷰 과정에서 전해 듣고 예상한 것보다 훨씬 더 심각했던 것이다. 지난 3년 동안 밀어내기 영업으로 매출 부풀리기가 이루어지면서 조직 내부의 갈등도 많고 파트너 생태계 역시 왜곡되어 있었으며, 시장에서의 평판도 나빠져 있었다. 1월 말 합류하게 될 나에게는 대수술 수준의 조직 혁신과 동시에 이미 시작된 회계 연도의 비즈니스 목표를 달성해야 하는 결코 쉽지 않은 과제가 주어졌다.

가만히 앉아서 입사일을 기다릴 수만은 없는 상황이었다. 나는 지사장 부임이 최종 확정된 후 회사로부터 미리 받은 메일 계정을 통해 직원 전체를 대상으로 메일을 발송했다. 메일은 나의 소개와 그들과 함께 만들어갈 미래에 대한 기대감으로 시작했다. 그리고 변화와 혁신을 조속히 착수하기 위해서는 그들의 도움이 얼마나 절실한지 언급하면서 4가지 질문에 솔직히 답해달라고 요청했다. 시간이 많지 않은 상황에서 판단 근거와 데이터를 최대한 확보하기 위한 것이었다. 4가지 질문은 다음과 같았다.

1. 당신을 소개해달라. 간략한 자기소개와 퀘스트소프트웨어 이전에 어떤 일을 했고 현재는 어떤 일을 하고 있는지, 내가 알고 있어야 할 개인적인 정보가 있다면 알려달라.

2. 현재 비즈니스가 좋지 않다고 들었다. 당신이 생각하는 비즈니스의 문제점과 원인은 무엇인가? 당신이 내 입장이라면 그 문제들을 어떻게 풀어갈 것인가?

3. 직원들의 사기가 많이 떨어져 있다고 들었다. 더 즐겁고 행복하게 일할 수 있는 회사가 되기 위한 제안을 해달라.

4. 새로운 지사장으로 부임하는 나에게 기대하는 것은 무엇인가?

나의 진정성이 통했는지 마음을 다해 쓴 답장들이 왔다. 당시 전 직원은 대략 35명 정도였는데 며칠 내로 짧게는 2페이지에서 많게는 5페이지까지 답신을 보내왔다. 그들의 메일을 통해 나는 인터뷰 과정이나 시장에서 들었던 내용 외에 회사가 안고 있는 문제들을 해결하기 위한 100여 페이지 분량의 비정형 데이터를 갖게 되었다.

덕분에 회사의 상황을 훨씬 입체적으로 이해할 수 있었다. 100페이지가 넘는 비정형 데이터에는 직원 개개인의 신상 문제, 각자 포지션에서 느끼고 분석한 문제점과 나름의 해결책까지 들어 있었다. 물론 지나치게 주관적이거나 객관성이 충분하다고 보기 어려운 것도 있었다. 각자의 위치와 역할의 한계로 인해 시야가 좁은 의견들도 있었다. 그러나 나는 조직과 직원들의 문제, 비즈니스가 안고 있는 문제를 보다 구체적으로 파악할 수 있었다. 내가 앞으로 어떤 방향으로 조직을 이끌어가야 할지, 시급히 판단하고 개선해야 할 것은 무엇인지 알 수 있었던 것이다.

부임 첫날 나는 예정했던 대로 전 직원과 미팅을 진행했다. 우선 특별히 시간을 할애해 의견을 보내준 직원들에게 감사하다고 전했다. 그런 다음 그들이 보낸 메일과 회사에서 공개한 데이터를 토대로 정리한 상황 진단과 문제의 원인들, 직원들이 제안한 해결책들을 공유했다. 그리고 각 팀마다 누가 언제까지 실행할지를 정리해달라고 했다.

이렇게 작성된 계획은 지난 몇 년간 누적된 문제를 해결하고 비즈니스를 정상 궤도로 돌려놓을 마스터플랜이 되었다. 그 후 1년간 우리는 매월 전체 미팅을 통해 일의 진척 상황과 이슈 등을 점검하고 공유했다. 직원들은 본인들의 목소리가 묵살되지 않고 리더에게 전달되었다는 것만으로도 동기부여가 되었던 것 같다. 그 미팅 덕분에 사내의 커뮤니케이션이 활성화되었으며 직원들의 책임감과 주인의식도 높아졌다.

정기적인 미팅은 업무에 리듬을 부여했고, 직원들의 자발적이고 적극적인 참여 속에 회사의 변화와 성과가 가시적으로 나타나기 시작했다. 마침내 그해 말에는 비즈니스도 정상으로 돌아왔다. 이후 전체 조직이 하나의 팀으로 건강한 성과를 만들어가는 선순환의 사이클이 자리 잡았다.

퀘스트소프트웨어의 지사장을 맡아 침체되고 흐트러진 조직을 바로잡고 건강한 조직으로 회복해나간 과정은 나에게도 좋은 경험이었다. 새로운 조직을 맡거나 큰 변화를 이루어내야 하는 상황에서 어떻게 리더십을 발휘해야 하는지에 대한 소중한 배움과 학습의 기회였던 것이다.

조직을 이끌다 보면 크고 작은 변화를 도모해야 하는 상황이 온다. 변화를 일으켜야 할 때 가장 중요한 것은 구성원들의 참여이다. 변화를 위한 솔루션을 구성원들이 공감하고 자발적으로 동참할 때 실질적인 변화가 이루어질 수 있다. 그동안 내가 여러 조직을 거치면서 성과를 낼 수 있었던 이유는 훌륭한 팀원들, 의욕 넘치는 팔로워들을 변화의 주체로 초대했기 때문이라고 생각한다. 커다란 변화는 결코 혼자서 만들 수 없는 것임을 다시 한 번 생각해본다.

리더는 옳기 위해 노력하는 사람

'리더는 옳다. 대부분 옳아야 한다.'

점차 책임이 막중해지고 운영하는 조직이 커짐에 따라 리더십에 대한 갈증 또한 커져갔다. 이때 만난 것이 아마존의 창업자 제프 베조스의 리더십 원칙이다. '리더는 옳아야 한다'는 말에 고개를 끄덕이다가도 까다로운 의사 결정을 앞두면 '답정너' 같은 원칙이 공자님 말씀처럼 비현실적으로 들리기도 했다.

조직을 운영하고 비즈니스를 수행하는 과정에는 수많은 의사 결정이 따른다. 의사 결정에는 제약 사항도 많다. 어느 한 가지 결정을 내리면 다른 결정은 버리는 셈이니 그에 따른 기회비용도 고려해야 한다. 또 최적의 의사 결정을 위해 가급적 많은 정보들을 수집하여 분석하는 것이 필수적이지만 늘 시간적인 제약이 따른다. 때로는 충분한 분석 과정 없이 의사 결정을 해야 하는 경우도 있다.

까다로운 현안과 다양한 제약 앞에서 리더는 어떻게 옳은 결정을 내릴 수 있을까?

2019년 6월 당시 한국 마이크로소프트에서 근무하던 나는 새로운 회계 연도가 시작되는 7월부터 엔터프라이즈 기업 고객사업부를 맡게 되었다. 사업부의 상황을 파악하고 7월 1일부터 업무를 시작하기까지 나에게 주어진 시간은 고작 1개월이었다. 그동안 준비하거나 해결해야 할 사안들이 많았다. 그중 가장 시급한 것이 공석이던 금융사업팀장을 정하는 일이었다.

내부 승진과 외부 영입, 2가지 선택지가 있었다. 물론 의사 결정을 유보할 수도 있었다. 당분간 내가 금융사업팀을 직접 이끌면서 내부 승진과 외부 인재 중 어떤 선택을 할지 숙고한 다음 결정하는 것이었다. 하지만 맡게 될 부서의 규모를 생각했을 때는 현실적이지 못하다는 판단으로 선택지에서 제외했다.

당시는 금융권의 클라우드 활용에 대한 규제 완화로 시장이 막 열리고 있는 상황이었다. 나는 외부 인재를 영입해 팀에 긴장감을 주고 시장 기회를 잡고 싶은 마음이 컸다. 그러나 충분한 데이터와 검토 없이 감이나 의욕만으로 섣부른 결정을 할 수는 없었다. 금융사업팀장을 선임하는 것은 사업부 운영에 큰 영향을 미치는 사안이었다.

나는 새로 맡을 사업부의 현안을 파악하고 준비하면서 시간을 쪼개 의사 결정에 도움이 될 사람들을 가급적 많이 만나 의견을 가감 없이 듣고자 노력했다. 그리고 여러 정보와 의견들을 종합한 결과 처음 가졌던 생각을 바꿔 내부 승진을 선택하기로 결정했다. 팀의 상황이 내가 들었던 것과 달랐고 부서 전체에도 예상보다 많은 변화가 필요했다. 새로 부임하는 내게 주어진 미션, '클라우드 비즈니스 성장'에 우선순위를 둔다면 외부에서 새로운 매니저를 뽑아 조직 운영의 부담을 가중할 필요가 없다고 판단한 것이다. 새 조직을 맡았을 때 이루어내야 할 변화의 양은 관리 가능한 범위로 조절되어야 하기 때문이다. 물론 2주간 만난 사람들에게 내부 승진 대상자에 대한 피드백을 받은 것도 내 선택에 영향을 주었다.

7월 1일 내부 승진한 금융사업팀장은 나와 함께 새로운 역할을 시작했다. 매니저 역할은 처음이지만 영업사원으로서 풍부한 경험을 가지고 있었기에 조직을 안정적으로 이끌어나갔다. 부족한 부분이 있으면 나와 수시로 상의하고 코칭을 통해 보완해갔다. 팀은 비교적 짧은 시간에 안정적인 궤도에 올랐고, 클라우드 사업도 기대 이상의 성과를 내기 시작했다. 덕분에 나는 부서의 다른 중요한 사안들에 집중할 수 있었다. 시간이 충분하지 않았지만 감에 의존하지 않고 여러 사람들에게 의견을 구하고 분석해서 최대한 객관적인 결정을 내릴 수 있었던 것이다.

'리더는 옳다. 대부분 옳아야 한다'는 원칙을 처음 접했을 때는 의사 결정에서 리더는 완벽을 추구해야 한다는 뜻으로 오해했다. 도대체 리더가 어떻게 항상 옳을 수 있단 말인가?

마치 그런 의구심을 간파하기라도 한 것처럼 제프 베조스는 2016년 패스파인더 시상식Pathfinder Awards에서 다음과 같이 말했다. "우리가 항상 옳을 수는 없다. 다만 연습을 통해 우리는 더 자주 옳은 결정을 내릴 수 있다."

리더는 항상 옳은 결정을 하는 사람이 아니다. 다만 어떤 제약과 현안에서도 가장 올바른 결정을 하기 위해 애쓰고 마지막까지 검토해야 한다. '리더는 항상 옳다'는 말은 옳은 결정을 내리기 위한 리더의 태도에 대한 이야기다.

제프 베조스의 말대로 옳은 결정을 내리는 사람은 다른 의견을 많이 듣고 자기 생각을 과감히 바꿀 수 있다. 그러나 자기 생각을 바꾸는 것은 말처럼 간단하지 않다. 인간은 자신의 생각이나 신념이 옳다는 것을 증명하는 정보에 끌리게 마련이다. 자기 생각을 강화하는 의견이나 정보를 받아들이고 자기와 다른 의견은 밀어내는 것이 인지상정이다. 자신이 가지고 있는 사고의 틀을 깨뜨리기 위해서는 다른 사람의 의견을 듣고자 의식적인 노력을 기울여야 한다.

옳은 결정을 내리기 위해 마지막 순간까지 과제에 집중하고 판단의 근거와 자료를 모아 분석하고자 최선을 다하는 것이야말로 새삼스러울 것도 없는 '옳은 결정을 내리는 비법'이라 하겠다.

성장 마인드셋이란

사람들의 재능과 능력이

고정된 것이 아니라

발전할 수 있다고 믿는

마음가짐과 태도를 말한다.

부단한 노력, 훌륭한 전략,

그리고 다른 사람들의 지원과 도움으로

능력을 높이고 성장할 수 있다고 믿는다.

성장 마인드셋을 가진 사람들은

위대한 업적을 이룬 천재들에 대해서도

재능만 보는 것이 아니라

그들이 쏟은 땀과 노력, 열정에 주목한다.

4장

나는 늘
성장할 수 있다고 믿습니다

겉과 속을 일치시키는 자신감

디스커버리 채널에서 방영하는 〈인간과 자연의 대결〉에서 서바이벌 전문가이자 탐험가인 베어 그릴스는 지구상의 어느 야생 환경에 떨어져도 생존하는 모습을 생생하게 보여준다. 그의 생존 방법도 무척 흥미롭지만 그 어떤 위협적인 환경에서도 발휘되는 자신감이 그를 더욱 빛나게 만든다.

나도 두 번째 직장에서 그런 자신감을 가지고 영업팀장으로 일했다. 남자들만의 세계로 여겨졌던 영업에 뛰어들어 성과를 내고 팀장으로 승진하면서 나름 일에 대한 자부심이 하늘을 찌를 때였다. 당시 회사에는 몇 개의 영업팀이 있었는데 그중 동갑내기 남자 팀장에 대한 상사의 칭찬이 나를 주눅

들게 하곤 했다. 상사는 나에게 "여성이 영업팀을 이끄니 나름 장점이 있네. 고객사 이슈도 섬세하게 살피고 직원들도 참 잘 챙겨. 게다가 근성도 있고"라고 추켜세우는 듯하면서도 동갑내기 팀장에 대해서는 "카리스마가 있어"라고 칭찬하는 것이었다. '왜 여성 리더는 일을 잘하고 뛰어난 리더십을 발휘해도 카리스마(당시에는 이 말이 참 멋있게 들렸다)는 없는 것인가?' 이것은 당시 내가 매달리며 씨름하던 화두였다.

이후에도 주위에는 '남다른 카리스마가 있다'는 말을 듣는 남성 리더들이 종종 있었다. 일에 있어서 누구에게도 뒤지지 않는다고 생각하던 나에게도 소위 '카리스마 있는 존재감'은 여성으로서 따라 하기 힘든 '넘사벽'이었다.

그러던 어느 날 하버드 대학교 에이미 커디 교수의 〈신체 언어가 당신이 누구인지를 결정한다Your body language may shape who you are〉는 TED 강연을 듣게 되었다. 그에 따르면 사회적 관계나 업무상 어려운 상황에 처했을 때 힘을 과시하는 자세를 취하면 실제로 힘이 세진 것처럼 느껴진다는 것이다. 단 2분만 자세나 몸짓을 바꿔도 자신감이 높아지는데, 이것은 힘을 과시하는 자세가 몸에서 분비되는 호르몬에 영향을 미치기 때문이라고 한다. 커디 교수는 실험을 통해 피실험자 그룹이 어깨를 쫙 펴고 허리를 세우는 자세를 2분간 취하면 자신감을 높여주는 테스토스테론이 20% 증가한다는 것을 입증했다. 그는 단지 생리적 변화뿐만 아니라 모의 면접을 통해 힘 있는 자세를 취한 사람들이 면접에 통과할 확률이 20% 높다는 것을 보여주었다.

마음가짐이나 몸자세를 통해서도 존재감을 키울 수 있다는 것을 알고 신선한 충격을 받았다. 어쩌면 남자와 여자의 카리스마 차이도 마음가짐이나 몸자세에서 발현되는 것인지도 모른다. 이것은 '남성적 카리스마'를 어떻게 넘어설지 고민하던 내게 기분 좋은 힌트가 되었다. 이때부터 나는 어떤 자리에서든 어깨를 펴고 척추를 바로 세우려는 노력을 했다.

그 외에도 나만의 존재감을 드러내는 방법을 하나 발견했다. 다른 사람을 불편하게 하지 않으면서도 스스로의 존재감을 높이는 방법으로 겉과 속을 일치시켜 자신감을 갖는 것이다. 사람들은 대체로 겉과 속이 다른 사람을 대할 때 불편함을 느낀다. 필요 이상으로 다른 사람의 시선을 의식하거나 자신의 약점을 감추려고 애쓰는 모습, 통제할 수 없는 것까지 통제하려는 완벽주의가 오히려 사람들을 불편하게 만든다. 사람들은 스스로의 감정과 능력, 가치관을 솔직하게 드러내는 사람을 보면 편안함을 느낀다.

동료들과 함께 일할 때 이런 면모가 생각보다 중요하다. 자신의 부족함을 솔직하게 드러낼 때 누군가가 그 부족함을 채워줄 수 있고, 반대로 다른 사람의 부족함을 내가 채워줄 수 있다. 서로의 부족함을 채울 수 있는 사람들로 구성된 팀이 최고의 결과를 내는 것이다.

이런 과정을 거쳐 지금 나는 IT 업계에서 성별을 초월해 '우미영'이라는 사람의 존재감을 확실하게 인정받고 있다. 사람들과의 관계 속에서 어떤 타이틀로 나를 포장하는 것이 아니라, 인간 우미영으로서 부족한 모습까지 있는 그대로 내보일 수 있기 때문에 사람들은 나를 인간적으로 신뢰한다. 자존심을 세우는 것이 아니라 오만함이 배제된 자신감을 가짐으로써 오히려 존재감을 저절로 높일 수 있게 된 것이다.

겉과 속이 일치하는 자신감을 키우기 위해 몸을 건강하게 유지하는 것도 중요하다. 마음이 몸에 영향을 미치고, 몸이 마음에도 영향을 미치기 때문이다. 그리고 자신의 강점과 약점, 능력을 객관적으로 이해하는 것도 자존감을 높이는 방법이다. 이 2가지를 통해 우리의 존재감은 높아지고 다른 사람들도 나를 편안하게 느낄 수 있다.

사람들 앞에서 위축되거나 약한 존재감으로 고민하고 있다면 에이미 커디 교수와 내 조언을 상기해보라. 전신 거울 앞에서 어깨를 펴고 척추를 곧추세우는 연습을 하는 것만으로 자신감이 생길 것이다. 그리고 가까운 동료들 앞에서는 겉과 속이 일치한 모습을 보여주도록 노력하자. 가장된 이미지를 지키느라 들어간 힘을 풀고, 나를 좀 더 드러내면 당신의 모습 그대로를 인정해줄 것이다. 그렇게 되면 자신의 존재감이 자연스럽게 살아날 수 있다.

실패를 자산으로 만드는 법

어떤 영업조직이든 단순 가격 입찰이 아니라 제안서를 제출하고 평가를 받는 수주전에 뛰어들 때는 무조건 수주해야 한다는 각오로 임한다. 이길 수 없는 싸움에 참전하는 것은 막대한 자원을 낭비하는 무모한 일이기 때문이다. 그만큼 수주에서 오는 승리의 쾌감보다 실주에서 오는 좌절감은 비교할 수 없을 만큼 크다.

사회 초년 시절 영업인으로 처음 수주전에 참전했을 때 내 마음은 처음 출전하는 병사의 심정에 가까웠던 것 같다. 두려움과 호기심, 그리고 승리에 대한 열망과 패기가 뒤섞인 복잡하고 거친 격정 속에 몇 개월을 질주했다. 그리고 나의 모든 것을 쏟아부었는데도 실주했을 때는 온 세상이 무너지는 것 같았다.

"열심히 해주셨는데 안타깝게도 다른 업체를 선정하게 되었습니다. 다음번에 함께 일할 기회가 있기를 바랍니다"라는 짧은 설명을 듣고 자리를 일어서는데 정신이 하나도 없었다. 고객 앞에서 눈물을 보일 수 없어 가까스로 마음을 추스르고 그 자리를 빠져나오는데 온몸의 수분이 두 눈으로 쏠려 눈물이 터질 것만 같았다. 영업 기간 동안 쏟아부은 노력이 억울 했다. 사춘기 때 유일한 절친이라고 생각했던 친구에게 나보다 더 친한 친구가 있다는 것을 알았을 때의 배신감 같은 유치하고도 쓰라린 감정에 휩싸였다.

처음 영업을 시작하던 때만 해도 전자입찰 시스템이 도입되기 전이어서 고객들은 영업사원을 불러놓고 입찰 결과를 직접 알려주었다. 영업을 시작한 지 얼마 지나지 않았을 때 나중에 신한은행으로 합병된 조흥은행의 인터넷 뱅킹 솔루션 선정을 위한 수주전의 기억이 아직도 생생하다. 당시 최종 업체 선정까지 9개월 이상의 사전 영업 기간이 있었다. 그동안 나는 고객사에서 거의 살다시피 했다. 인터넷 기술에 아직 익숙하지 않던 고객에게 교육까지 해가며 모든 열정을 쏟아부었고, 당연히 우리 회사의 솔루션이 선정될 것이라고 기대했다. 그때의 좌절감과 절망감이란 이루 형언할 수 없었다.

그 아픈 경험 이후에도 나의 영업활동은 계속되었고 성공뿐만 아니라 실패의 경험도 쌓여갔다. 소위 '산전수전 공중전'까지 모두 겪으면서 제법 경험이 쌓인 뒤에야 실주 후 '전투에서 승패는 병가지상사勝敗兵家常事'라는 말로 동료들을 다독일 줄도 알게 되었다.

영업 전선에서 전투를 거듭하는 동안 나에게는 2가지 변화가 일어났다. 우선 실주, 즉 고객의 거절을 '나'라는 인간에 대한 거설이 아니라 내가 제안한 '솔루션'에 대한 거절이라는 것을 깨달았다. 실주를 영업활동의 결과로 받아들이는 것이다. 또한 실주 후 그간의 과정을 돌아보는 마음의 여유도 생겼다.

대국을 마친 바둑 기사들이 복기를 하듯 영업 과정을 돌아보니 제대로 두지 못했던 수가 보이기 시작했다. 고객의 니즈를 제대로 이해하지 못한 부분, 경쟁사의 강점을 지나치게 의식한 나머지 우리의 장점을 충분히 드러내지 못한 것, 고객사의 의사 결정 라인 중에 미처 파악하지 못한 중요한 사람이 있었다는 것 등 제대로 챙기지 못한 것들과 잘못 판단한 것들이 보였다. 복기의 과정을 통해 영업을 운에 좌우되는 일회성 활동이 아니라 전문의가 환자의 병을 진단하고 치료하듯이 반복 가능한 프로세스로 보게 되었다.

실주한 과정을 좀 더 세밀하게 돌아봄으로써 다음번 수주 확률을 높일 수 있었다. 나는 실패를 전문가로 성장하기 위해 꼭 거쳐야 할 성장통으로 받아들였고, 조직을 운영할 때도 실패에 관대할 수 있게 되었다. 물론 실패하지 않는 것이 가장 좋다. 하지만 우리의 전력이 실패할 수밖에 없는 상황이라면 실패가 조직의 역량을 강화하는 데 영향을 줄 수 있도록 노력해야 한다.

수개월 동안 많은 자원을 투입해 사전 영업한 고객사에 인수합병이라는 예상치 못한 변수가 발생해 영업 기회의 향방이 불투명해진 일이 있었다. 워낙 규모도 크고 관심이 집중되었던 만큼 회사로서도 매우 실망스러웠고 사업부 매출을 책임지고 있는 나 역시 곤란한 상황이었다. 나는 적잖이 당황했지만 우선 본사에 상황을 보고하는 메일을 쓰면서 차분하게 지난 몇 개월의 영업 과정을 돌아보았다.

매우 안타까운 상황인 것은 틀림없지만 우리 팀이 지난 몇 개월간 각 영업 단계를 제대로 밟아온 것은 확실했다. '고객사의 인수합병'은 예상하기도 어려울뿐더러 우리가 어떻게 할 수도 없는 변수였다. 나는 실망하기보다 인수합병 후 프로젝트가 재개되었을 때 반드시 수주하기 위해서는 무엇을 해야 하는지 계획을 세우는 것이 더 중요하다고 판단했다. 팀원들과 향후 계획을 논의하면서 비록 이번에는 미처 고려하지 못했지만 최근의 불확실한 경영 환경에서는 인수합병이라는 변수조차 영업 계획에 반영해야 한다는 점도 강조했다.

개인이든 조직이든 실패에서 배울 수 있다면 두려움을 극복하고 더 많은 시도를 해서 성공을 이끌어낼 수 있을 것이다. 조직을 이끄는 리더라면 성공뿐만 아니라 실패조차 조직의 자산으로 만드는 노력을 해야 한다.

실패가 자산이 되려면 조직은 실패를 복기하는 습관을 가져야 한다. 복기가 제대로 이루어질 때 비로소 실패로부터 배울 수 있다. 특히 영업조직은 수주전에서 파악한 정보와 놓친 정보가 무엇인지, 그러한 정보를 바탕으로 수행한 분석과 전략은 적절하고 타당했는지 되짚어봐야 한다. 부족한 부분과 실수, 오류를 정리해서 재발 방지와 개선 대책을 세우고 조직 전체의 자산으로 공유해야 한다.

성과를 내는 조직, 경험이 쌓일수록 강해지는 조직은 실패의 과정을 꼼꼼하게 복기하고 그로부터 얻은 교훈을 바탕으로 성공 확률을 높여간다.

완벽하면 이미 늦다

오랫동안 회사 생활을 하다 보면 다양한 인간군상을 만나게 된다. 일을 잘하는지 못하는지를 기준으로 다양한 스펙트럼이 형성되지만, 일에 대한 완벽주의를 기준으로도 다양한 모습들이 나타난다.

일을 꼼꼼하고 빈틈없이 처리하는 태도 자체는 문제가 없다. 조금 답답할 수는 있지만 비난받을 일은 아니다. 그런데 완벽주의를 지나치게 고수했을 때는 대체로 결과가 좋지 못한 경우가 많다. 완벽주의가 오히려 마찰력으로 작용하여 미완성의 결과를 이끌어내기 때문이다. 미완성이 용서되는 경우는 위대한 예술가가 유작을 남길 때 정도일 것이다. 조직

생활이나 비즈니스에서 미완성은 가혹한 대가가 따른다. 납기를 못 맞춘 회사는 지체보상금을 지불해야 하고, 시험이나 입찰에서는 아예 평가받을 기회조차 갖지 못한다.

완벽주의 성향을 가진 사람이 팀원이라면 그나마 다행스러운 일이다. 팀장이 탁월한 리더십을 발휘하여 그 직원의 완벽주의가 빛을 발할 수도 있기 때문이다. 예를 들어 우선순위와 중요도에 따라 일을 나누고 완벽을 기해야 하는 일을 그 직원에게 할당하면 된다. 하지만 마감이 1시간밖에 남지 않았는데 아직도 출발선에서 신발 끈을 묶고 있는 팀원이 있다면 팀장은 어디서 맺고 어디서 끊을 것인지 단호하고 명확하게 짚어주어야 한다. 그래야 팀원이 디테일이라는 악마와 싸우느라 귀중한 시간과 에너지를 소진하지 않는다.

문제는 완벽주의 성향을 가진 사람이 팀장인 경우이다. 내가 맡았던 조직에 완벽주의를 추구하는 팀장이 있었다. 그의 팀에는 언제나 팽팽한 긴장감이 흘렀다. 어떤 직원들은 숨 막히는 고통을 토로하기도 했다. 그가 직원들에게 너무 많은 것을 기대하고 너무 세세한 것까지 통제하려 들었기 때문이다.

그 팀은 브레인스토밍 회의조차 제대로 진행하지 못하는 듯했다. 아이디어 회의에서 팀장의 세세하고 부정적인 피드백을 받지 않으려고 직원들은 아예 의견 자체를 내지 않았다.

새로운 제안은 늘 팀장 발의와 팀장 연출로 진행되었고, 세밀한 관리하에 마침내 조촐한 성과로 마감되곤 했다. 그는 성과를 완벽하게 예측했고, 자신이 설정한 목표를 정확하게 맞췄다. 그러나 문제는 팀의 확장성과 창의성, 발전 가능성이 가로막혀 있다는 것이었다.

그는 완벽주의로 인해 스스로 고립되었고, 직원들에게 적절한 동기부여를 하거나 권한 위임을 하지도 못하고 실적에서도 방어 운전만 하다가 결국 업계를 떠났다.

급변하는 비즈니스 환경에서는 완벽주의자들이 살아가기에 너무도 힘들다. 파악해야 할 내용도 방대하고 복잡할 뿐만 아니라 변화의 속도도 가히 5G급이다. 완벽한 계획을 수립하고 실행하기보다는 직면하는 상황에 신속하게 대응하는 애자일(agile, 재빠른) 방식이 더 중요한 시대다.

이처럼 어지러운 환경 속에서 나는 얼마 전 도깨비 같은 일을 하나 저질렀다. 마음 맞는 사람들과 의기투합해서 직장인들의 고민을 상담해주는 유튜브 채널을 개설한 것이다. 팀원들은 SNS로 만났으며, 서로 다른 직장, 배경, 세대의 사람들로 구성되었다. 나이 차이는 최대 30년 가까이 나고, 취업 준비생부터 직장 초년생, 그리고 전문 코치까지 면면도 다양하다.

유튜브 영상을 만드는 일은 나뿐만 아니라 젊은 친구들에게도 처음이기는 마찬가지였다. 하지만 간단한 콘셉트 회의를 하고 나서 바로 촬영, 편집, 유튜브 업로드까지 일사천리로 완성했다. 우리는 그야말로 일단 저질렀고 첫 영상을 지인들에게 공개했다. 평소 우리를 응원하고 박수를 보내준 지인들이 시청하고 깨알 같은 피드백을 보내주었다. 이후 몇 번의 영상을 만들면서 우리는 처음보다 훨씬 나은 콘텐츠와 영상을 만들 수 있게 되었다. 회가 거듭될수록 더 나은 영상을 만들 수 있을 거라는 확신도 생겼다. 무척 신나는 일이 아닐 수 없다.

내가 유튜브를 시작한 이유 중 하나는 바로 완벽주의와 관련이 깊다. 완벽주의를 극복하고 변화하는 환경에 맞춰가기 위한 작은 도전인 셈이다.

우리가 완벽하게 준비한 다음 유튜브 채널을 시작하려 했다면 아마 반년이 지나도록 하지 못했을 것이다. 유사 콘텐츠에 대한 분석과 타깃 시청자층의 성향 파악, 완벽한 기획안 작성, 촬영을 위한 준비, 최적의 장소 섭외, 영상 편집 능력 확보 등 준비해야 할 일들이 오죽 많을까?

물론 이러한 준비를 전혀 하지 않은 것은 아니다. 다만 최소한의 조사와 분석만 거치고 일단 저지른 것이다. 이 작은 성공(일단 유튜브에 업로드)을 통해 앞으로 지속적인 성공을 거둘 수 있다는 확신을 가지게 되었다.

'비록 시작은 미미하나 끝내 창대하리라.' 우리의 슬로건이다. 아니 슬로건일 수밖에 없다. 우리는 달성 가능한 조촐한 목표를 수립했고, 다른 채널들과 비교하거나 완성도에 집착하지 않고 결과를 도출하는 데 집중했다. 우리는 남들과 비교하는 대신 첫 영상을 만드는 데 매진했다. 영상이 있어야 다른 사람들의 피드백을 받아 다음에 더 나은 결과물을 만들어낼 수 있기 때문이다. 우리가 처음부터 남부끄럽지 않은 멋진 영상을 만들고자 했다면 지금까지도 첫 영상을 마무리하지 못했을지도 모른다.

한 사이클을 돌고 시청자들의 피드백을 받고 나니 조금 감이 생겼다. 우리는 여전히 다음 회차를 준비하면서 겪어보지 못한 어려움에 맞닥뜨리게 되리라는 것을 안다. 그러나 남들 앞에 우리의 부족함을 드러내는 것이 그다지 두렵지는 않았고, 다음번에는 더 잘할 수 있다는 자신감도 충만했다. 완벽주의를 내려놓고 시대의 흐름에 몸을 실으니 급류 타기 같은 스릴과 나름의 성취가 손에 잡혔다.

이제 더 이상 꼼꼼하고 치밀하게 계획을 수립하고 철저히 이행하는 선형적 업무 수행 방식 자체가 불가능한 시대가 되었다. 유튜브 채널을 개설하면서 업무적인 일이든 개인적인 일이든 좀 더 완벽을 기하기보다는 빨리 시도하고 그 과정에서 배워나가야 한다는 것을 깨달았다.

"당신의 첫 번째 제품이 부끄럽지 않다면 너무 늦게 출시한 것이다 If you aren't embarrassed by the first version of your product, you shipped too late." 링크드인 창업자 리드 호프만의 말이 이전보다 훨씬 더 깊이 공감되는 순간이다.

언제나 '성장'을 선택하는 사람들

오랜 기간 영업 전선에서 조직을 이끌어오는 동안 나의 뇌리에서 늘 떠나지 않는 화두가 있었다. '성과를 꾸준히 내는 조직과 그렇지 못한 조직의 차이는 무엇일까?' 이 질문은 마치 선승의 화두처럼 머릿속을 맴돌았다.

그러던 어느 날 캐럴 드웩의 《마인드셋Mindset : The New Psychology of Success》을 읽게 되었다. 캐럴 드웩은 내가 고민하고 있던 문제에 대해 수년 동안 학문적 연구를 해왔다. 그는 자신이 몸담고 있는 스탠퍼드 대학교 연구진과 함께 성과에 대한 개인적 차이와 특성을 규명하는 프레임으로서 2가지 마인드셋, 즉 고정 마인드셋과 성장 마인드셋을 제시했다. 이것은 성과에 대한 차이를 분석하고 개선할 수 있는 핵심적인 태도였다.

고정 마인드셋이란 사람의 재능과 능력이 불변하고 고정된 자질이라고 믿는 생각과 태도를 말한다. 사람들은 흔히 성공한 사람들에 대해 '남다른 재능과 능력을 타고났을 것'이라는 편견을 가지고 있다. 심지어 성공한 사람조차 본인이 능력을 타고났다고 여기기도 한다. 고정 마인드셋의 문제점은 스스로 재능이 부족하다고 느끼는 사람들이 어려운 일에 아예 도전조차 하지 않는다는 것이다. 더구나 성공을 이룬 사람도 자신의 재능이나 능력이 부족하다는 사실이 드러날 것을 두려워하며 그 이상으로 도전하지 않는다. 이것은 실패를 예감하고 미리 핑곗거리를 준비하는 심리와도 연관된다. '우리 아이는 머리는 좋은데 노력을 안 해서'라는 학부모들의 판에 박힌 레퍼토리도 고정 마인드셋에서 비롯된 것이다.

고정 마인드셋은 영업 현장에서도 쉽게 찾아볼 수 있다. 미팅을 해보면 모든 영업 기회를 문제로만 바라보는 직원들이 있다. 그들에게는 모든 것이 문제투성이다. 일정을 준수해가며 일을 추진하는 고객은 없고, 신뢰 관계 속에서 일할 수 있는 능력 있는 파트너도 찾아보기 어렵다. 심지어 제대로 된 제품조차 없다. '나'의 역량에는 문제가 없는데 '나'를 제외한

조건들 때문에 일을 제대로 하기 어렵다는 것이다. 이들은 뛰어난 성과를 보이는 동료들에 대해서는 쉽게 결론짓는다. 좋은 시장을 맡고 있어서, 할당된 제품이 좋아서, 심지어 운이 좋아서라고 평가하는 것이다.

영업 일선에서 활동하는 직원은 그렇다 하더라도, 조직을 이끄는 리더가 고정 마인드셋을 가지고 있다면 할 수 있는 일이 극히 제한적일 수밖에 없다. 회사에서 좋은 밭(영역)을 할당받기 위해 사내 정치를 하거나, 능력이 부족한 사람을 내보내고 뛰어난 사람을 채용해서 어벤저스 팀을 꾸리는 것 외에 할 수 있는 일이 과연 무엇일까?

고정 마인드셋으로 현장을 바라보면 가슴이 꽉 막힌 것처럼 답답하게 느껴진다. 하지만 다행히 캐럴 드웩은 성장 마인드셋이라는 해법을 제시한다.

성장 마인드셋이란 사람들의 재능과 능력이 고정된 것이 아니라 발전될 수 있다고 믿는 마음가짐과 태도를 말한다. 부단한 노력, 훌륭한 전략, 그리고 다른 사람들의 지원과 도움을 통해 능력을 높이고 성장할 수 있다고 믿는 것이다. 성장 마인드셋을 가진 사람들은 위대한 업적을 이룬 천재적인 인물들에 대해서도 재능만 보는 것이 아니라 그들의 땀과 노력과 열정에 주목한다.

탁월한 성과를 지속적으로 달성하는 사람들은 자신의 재능에 큰 의미를 부여하지 않는다. 그들의 관점은 언제나 '지금 여기here and now'에 있다. 지금 부족한 것이 무엇이며, 배워야 할 것은 무엇인지를 생각한다. 그들은 주어진 과제를 해결하기 위해 필요한 역량을 키워나간다. 그들에게 도전은 성장의 기회이다. 도전을 통해 자신의 능력을 키울 수 있다고 믿기에 위험을 무릅쓰고 기꺼이 도전을 즐긴다.

물론 이들이 실패하지 않는 것은 아니다. 다만 실패조차 배움의 기회로 활용한다. 그동안 쏟아부은 시간과 노력은 매몰비용이 아니라 투자라고 생각하므로 실패에서 회복하는 속도 역시 빠르다.

사실 고정 마인드셋과 성장 마인드셋으로 나누는 것 자체가 고정관념이다. 모든 사람에게는 고정 마인드셋과 성장 마인드셋 양면성이 존재한다. 그리고 상황에 따라, 시기에 따라 각기 다른 마인드셋이 작동할 수 있다. 바로 그 지점에서 리더의 진가가 발휘된다. 조직의 리더가 어떤 마인드셋으로 팀을 이끄는지에 따라 많은 것들이 달라진다. 리더에 따라 팀원들은 성장 마인드셋으로 도전을 즐기면서 열심히 성과를 낼수도 있고, 성과 대신 핑계를 만들어내는 데 급급할 수도 있는 것이다.

어느 날 마이크로소프트의 영업사원들에게 '클라우드 서비스 판매'라는 미션이 주어졌다. 이전까지 팔던 제품은 고객이 스스로 찾는 필수품이자 전 세계 1등 제품이었다. 그런데 클라우드라고 하는 '쓰면 좋다고 하지만 여태껏 얼마나 좋은지 경험해보지 못한' 서비스를 팔아야 했다. 게다가 그 서비스는 시장에 경쟁자들도 많았다. 당연히 실적은 회사의 기대에 미치지 못했다. 회사는 영업사원들이 배우지 않으려는 태도를 지적했고, 영업사원들은 부족한 자원과 지난 20여 년간 함께 비즈니스를 해왔던 파트너사들의 무능을 탓했다.

나는 어떻게 직원들에게 성장 마인드셋을 심어줄지 고민했다. 우선 2가지를 실천하기로 했다. 바로 질문과 경청이었다. 문제가 무엇인지, 부족한 것이 무엇인지를 이해해야 한 걸음씩 나아갈 수 있다. 영업사원들이 각 영업 기회마다 상황을 정확히 인지하고 계획을 세울 수 있도록 질문하고 경청하고 다시 질문을 했다. 상황이 진전되지 않는 이유는 무엇인지 파악할 때까지 질문하고 의견 듣기를 반복했다. 이유가 파악되었다면 어떤 조치를 취할 수 있을지 다시 질문하고 경청하는 과정을 반복했다.

처음에는 그러한 과정 자체가 시간 낭비인 것처럼 느껴졌다. 하지만 시간이 지날수록 '무엇이 문제다'에서 한 걸음 나아가 '그래서 무엇을 해야 할지'를 생각하게 되었다. 물론 하루아침에 실적이 좋아지지는 않았다. 하지만 적어도 어떤 상황에서든 한 걸음씩 앞으로 나아갈 수 있었다.

영업 현장에서 실주와 수주에는 우연과 행운도 한몫하지만, 이를 통해 배우고 역량을 높여가는 것은 오롯이 수주를 위해 뛰는 사람들의 몫이다. 그래서 한두 번의 성공은 소위 '운발'일 수 있지만 남들보다 더 좋은 성과를 지속적으로 달성하는 것은 부단한 노력과 도전, 그리고 이를 통한 배움과 성장의 결과이다. 이것이 바로 성장 마인드셋이 아닐까?

배려할수록 유능해진다

요즘 직장 내 인간관계로 인해 진통을 겪는 이들이 많다. 대표적인 것이 '말 안 통하는 꼰대'와 '자기 생각만 하는 밀레니얼 세대'의 갈등이다. 심지어 직장인들은 모두 젊은 꼰대와 늙은 꼰대로 나뉜다는 말도 있다. 하지만 슬기롭게 직장 생활을 해나가는 사람들은 이런 거친 이분법에 공감하지 않을 것이다. 또 나이만으로 꼰대로 분류되어 억울한 사람도 많다.

나도 꼰대라는 프레임으로 사람들을 나누는 것을 거부한다. 예전에는 고부간의 갈등, 상사와 부하의 갈등, 요즘은 꼰대와 밀레니얼 세대의 갈등이라고 하지만 모든 관계가 각자 하기 나름인 측면이 있다.

델소프트웨어 싱가포르 사무실에서 일할 때 상사가 새로 부임했다. 시드니 살던 그는 싱가포르로 거처를 옮기면서 업무 파악까지 하느라 바쁜 시간을 보내고 있었다. 그 와중에 그는 미국 본사로부터 아시아태평양본부의 비즈니스 전략을 발표해달라는 요청까지 받았다. 보통 새로운 자리를 맡으면 회사는 3개월 정도 업무 파악 기간을 준다. 하지만 공교롭게도 그의 부임이 새로운 회계 연도와 겹치는 바람에 입사한 지 1개월도 되지 않은 그에게 어떤 전략으로 조직과 비즈니스를 이끌어갈지 계획을 내놓으라고 한 것이다. 새로 부임한 그에게는 큰 부담이면서도 잘해내야만 하는 일이었다.

나는 그가 걱정됐다. 같은 소프트웨어 분야라도 회사를 옮기면 제품과 조직 상황이 달라 업무를 제대로 파악하는 데만 최소 몇 개월이 걸린다. 그는 오랫동안 소프트웨어 업계에서 일해왔지만 우리 회사의 복잡한 제품 포트폴리오와 각 나라별 특성까지 이해하고 비즈니스 전략을 세우기는 쉽지 않아 보였다. 더구나 그 일을 지원하는 운영 조직의 책임자까지 바뀐 상황이어서 회사 사정을 잘 아는 누군가의 도움이 필요할 것 같았다.

당시 싱가포르를 포함해 동남아 비즈니스를 맡고 있던 나는 그에게 도움을 주고 싶다고 조심스럽게 제안했다. 나는 한국과 동남아 비즈니스밖에 운영해보지 못했지만, 지난 몇 년간 아시아태평양본부 리더십팀에서 일해왔으니 그가 전략을 세우는 데 도움이 될 것 같았다. 그는 무척 고마워하며 내 제안을 흔쾌히 수락했다. 그렇게 그와 나는 운영팀의 책임자와 함께 두어 주일 작업하여 발표 자료를 완성했다. 본사와의 미팅은 성공적으로 끝났고, 덕분에 그는 빠른 시간 안에 조직과 비즈니스를 파악하고 새로운 역할을 해나갈 수 있었다.

짧은 시간이었지만 함께 발표를 준비하면서 상사는 내 경험의 깊이를 이해하게 되었다. 그때 생긴 신뢰 덕분에 나와 상사의 관계가 더욱 두터워졌다. 그는 담당하고 있는 나라가 많았는데도 내가 담당하는 국가에 대해 각별한 지원을 잊지 않았다. 내 일이 아니지만 손을 들어 도움을 준 것, 그의 상황을 진심으로 걱정하고 배려하는 마음에서 우러나온 자발적인 행동으로 서로의 마음이 통하게 된 것이다.

그 후 회사 매각이 결정나고 한국으로 돌아올 때 그가 전 직원들에게 보낸 송별 메일이 생각난다. 그는 "메리(내 영어 이름)는 그녀만의 동지애적 리더십으로 우리에게 기억될 것이다"라고 했다. '카머라더리(camaraderie, 동지애)'라는 표현은 나도 처음 들어보는 단어였다.

모든 인간관계가 그렇듯 서로의 부족함과 어려움을 진심으로 배려하고 채워주려고 할 때 건강하고 지속 가능한 관계가 만들어진다. 뻔한 이야기 같지만 회사는 물론 일로 만난 관계에서도 상대방의 입장을 이해하고 배려하는 마음을 가질 때 일도 즐거워지고 남다른 성과를 낼 수 있다.

마이크로소프트에서 함께 일한 백수현 대리는 대학을 갓 졸업하고 입사한 Z세대이다. 그녀의 업무 중 하나가 고객사에 제공하는 할인 프로그램을 만들고 승인받는 일이었다. 그녀가 할인 요청 메일을 보내면 부서장인 내가 승인을 했는데, 그녀는 메일을 보내기 전에 꼭 내 사무실 문을 열고 간단하게 상황 설명을 했다.

"부사장님, 이번 건은 이러저러한 상황 때문에 추가 할인이 필요합니다. 담당 영업사원이 할인 폭을 줄이기 위해 여차여차한 노력을 했으나 거래를 성사하기 위해서는 이 정도의 할인이 필요한 상황입니다. 제가 승인 메일을 곧 올리도록 하겠습니다."

승인 요청 메일을 보내기 전 반드시 거치는 그녀의 1분 대면 보고는 출근부터 퇴근까지 거의 빈 시간 없이 여러 가지를 챙겨야 하는 내가 의사 결정을 빨리 하는 데 도움이 되었다. 그녀의 배려 덕분에 나는 시간을 아껴 다른 중요한 일을 챙길 수도 있었고, 때때로 가족들과 저녁 시간을 보낼 여유도 생겼다.

'일'이라는 공적인 영역에서 만난 동지들이 '삶'이라는 사적인 영역에서 어떤 어려움을 겪고 있는지 알기는 어렵다. 드러내지 못할 어려운 사정이 있는 직원들이 한둘이겠는가? 아픈 가족이 있거나 몸이 불편한 직원들도 있고 까다로운 고객이나 자기 일만 챙기는 옆 부서 때문에 야근을 밥 먹듯 해야 하는 동료들도 있다.

이들의 입장을 살피고 조금씩 배려하는 분위기를 만들어가는 것만으로도 조직에는 훨씬 활기가 넘치고 나아가 더 나은 성과도 만들어낼 수 있다. 회사라는 공적 영역에서 만났지만, 거기에는 저마다의 삶을 지닌 사람들이 모여 있다는 것을 잊지 말자.

나의 배려심이 상사에게만 작동되었을 것이라는 오해가 없길 바란다. 그동안 내가 속한 부서가 보여준 탁월한 성과의 배경에는 서로 간의 배려와 이해가 바탕이 되었음을 자신 있게 밝힌다.

'역할 울타리'를 넘어서 일하기

영업은 업종에 따라 다양한 상품과 서비스를 판매하지만, 고객의 특성에 따라 B2C_{Business to Consumer}와 B2B_{Business to Business}로 분류할 수 있다. 고객이 개별적인 소비자이냐 아니면 기업이나 정부와 같은 조직이냐로 나뉘는 것이다. 나는 정부나 기업 같은 조직을 대상으로 하는 B2B 분야에서 일해왔다.

B2B 분야에서 사업을 전개하는 대부분의 다국적 IT 솔루션 회사들은 간접 판매 방식을 취한다. 직접 영업사원을 고용하기보다 고객들과 오랫동안 거래해온 국내 회사와 파트너 계약을 맺고 그들을 통해 판매하는 것이 효율적이기 때문이

다. 한편 파트너사들은 고객에게 솔루션을 판매하면서 생기는 마진과 대고객 서비스 계약을 통해 수익을 낸다. 다시 말해 우리의 역할 못지않게 파트너사의 역할과 역량이 매우 중요한 것이다.

다국적 IT 기업의 지사장으로 일해온 나도 사업 의지와 투자 여력이 있는 우수한 파트너사를 발굴하고 그들과 더불어 혹은 그들을 통해 사업을 확대해나갔다. 그런데 늘 어려움에 부딪혔다. 파트너사 영업사원들의 역량 문제였다. 기술자들의 역량은 본사에서 제공하는 교육 프로그램과 실습 교육으로 높일 수 있지만 영업사원들의 역량은 개별적인 경험에 의존하기 때문이다.

우리 회사가 고용한 직원들은 아니지만 더 나은 실적을 내기 위해서는 파트너사 영업사원들의 역량까지 챙겨야 했다. B2B 비즈니스 생태계에서는 나 혹은 우리 팀과 우리 회사만 잘한다고 해서 좋은 비즈니스 결과를 낼 수 있는 것은 아니기 때문이다.

그러한 이유로 나는 언뜻 엉뚱해 보일 수 있는 '울타리 밖의 일'을 하기로 했다. 파트너사 영업사원들의 역량을 높이기 위해 코칭을 하기로 한 것이다.

전통적으로 B2B 비즈니스에서는 관계 지향적 영업이 대세

이므로 대부분의 IT 회사들이 영업사원을 뽑을 때 주로 '성격 좋은 사람', '인간관계 좋은 사람'을 선호했다. 고객이 업체를 선정하는 데는 기술적인 요소들도 고려되지만 영업사원과의 관계가 무엇보다 중요하다고 생각하는 것이다. 그러다 보니 채용 후에는 전문적인 교육을 하기보다는 매출 목표를 달성하도록 다그치며 주먹구구식으로 운영하는 경우가 적지 않았다.

그러나 우리나라도 기업과 조직의 수준이 올라가고 성숙하면서 B2B 비즈니스도 인맥에 의존한 영업으로는 한계가 있을 수밖에 없었다. 고객들의 니즈를 파악해서 그에 맞는 해결책을 제안하고, 때로는 니즈 자체를 만드는 것부터 하려면 '좋은 관계 맺기' 이상의 전문적인 B2B 영업 역량이 필요하다. 기술적인 이해는 기본이고, 고객사의 복잡한 의사 결정 구조와 이해관계를 파악하고 자원을 활용할 줄 알아야 하는 것이다.

그렇게 나는 파트너사의 영업사원들에게 체계적인 영업 코칭을 시작했다. 배움에 대한 열의가 있는 사람들을 모아 팀을 구성하고, 나의 경험과 그동안 정리해둔 자료를 가지고 어떻게 해야 성과를 높이고 사업을 성장시킬 수 있을지 10주짜리 영업 코칭 세션을 운영한 것이다. 10주간의 세션에서 나는

B2B 영업에 대한 기본적인 지식을 교육하고 사례 분석을 진행했다.

참여자들은 본인이 진행하고 있는 영업 기회에 대해 팀원들과 함께 분석하고 거래의 위험 요소들을 찾아낸 다음 어떻게 제거할지 아이디어를 모았다. 세션이 끝나면 각자 현장으로 돌아가 다음 세션 전까지 계획한 아이디어를 실행하면서 매주 성공 확률을 높여나갔다. 그들은 고객의 의사 결정에 중요한 영향을 미치는 사람들을 꼼꼼하게 파악하고, 제안에 대한 고객의 반응을 섬세하게 체크했다. 고객에게 중요한 것이 무엇인지 파악해나가니 당연히 수주 가능성도 높아졌다.

코칭 과정을 함께한 파트너사의 영업사원들은 10주 과정을 마치고 나면 영업 기회를 성공으로 이끌어가는 프레임워크framework를 가지게 되었다. 기본기를 다지고 각자의 자리로 돌아가 반복 실행하면서 그들은 유능한 영업인으로 성장할 수 있었다. 그들 모두가 우리 회사의 제품을 판매하던 영업사원이었으니 우리 회사의 비즈니스가 잘된 것은 두말할 필요 없다. 나는 15년 전 시트릭스에서 시작한 '울타리 밖의 일'을 업그레이드해가며 지금까지 이어오고 있다.

매주, 매달 숫자를 놓고 영업사원을 닦달하는 것은 단기적인 매출 목표를 달성하는 데는 도움이 될지 모른다. 그러나 매출은 조직의 역량이 외적으로 드러나는 것이다. 눈에 잘 보이지 않더라도 조직의 역량을 높이는 일을 놓쳐서는 안 된다. 우리 사업을 위해 함께 뛰고 있는 모든 사람들이 정확하게 방향을 잡고 업무 하나하나에 충실할 때 실적은 당연히 따라오게 마련이다. 그것이야말로 역량을 강화하고 장기적인 성장을 이룰 수 있는 방식임을 지난 15년간의 커리어로 증명할 수 있었다.

나의 영업 코칭 강좌에는 별도의 수강비가 없다. 업계에서 영업활동을 하는 후배들을 위한 일종의 재능 기부다. 그 대신 스터디 그룹을 만들고 코칭 세션을 시작할 때마다 약속을 받아두었다. "언젠가 내가 은퇴하고 그대들이 현역에서 계속 일하고 있다면 월 5만 원씩 용돈을 달라"고 말이다. 이를테면 나의 무료 영업 코칭은 일종의 재능 적립 방식의 연금 납입인 셈이다. 코칭의 대가로 은퇴 후 연금 지급을 제안한 것인데, 모두 기꺼이 그러겠노라고 약속했다. 나에게 영업 코칭을 받은 사람들의 수도 제법 되다 보니 그동안 불입한 코칭 연금으로 은퇴 후 국민연금 정도의 월수입은 기대할 수 있을 것 같다.

'코칭이 내 노후 연금이다'라고 늘 농담처럼 말하곤 하지만 내 울타리를 벗어나 새로운 일을 만드는 것은 개인적인 충족감이 큰 일이기도 하다. 내가 몸담고 있는 비즈니스 생태계가 더욱 발전하는 데 기여하는 일은 언제나 순도 높은 보람을 가져다준다.

프로젝트를 통해 구글은

생산적인 팀을 만드는 5가지 요소를 찾아냈다.

그중 가장 큰 영향을 미치는 요소가

'심리적인 안전감Psychological safety'이다.

심리적인 안전감을 주는 환경에서

팀원들은 두려움 없이 자기 생각을 말하고

스스로 자신의 한계를 시험하며

새로운 것에 과감히 도전할 수 있다.

팀원들이 자신의 역량을 맘껏 발휘하게 되었을 때

팀의 생산성은 자연히 올라갈 것이다.

5장

탁월한 조직은
'직원 중심'으로 시작합니다

조직의 성패를 가르는 2%의 비밀

　동물들도 서로 협력을 할까? 보상이 없어도 서로 도울까? 최소한 아프리카 회색앵무새는 즉각적인 이득이 없어도 서로 돕는다는 것이 최근 연구를 통해 밝혀졌다. 연구진은 그들이 서로 협력하는 이유를 '이전에 협력한 경험'에서 찾았다. 동료가 먹이를 찾아 헤맬 때 도와주면, 나중에 자신도 도움을 받을 수 있다는 것을 경험했기 때문이다.

　동물도 이러할진대 가장 뛰어난 지성을 갖춘 인간은 어떨까? 어느 조직이나 '협력'이 필요하다는 사실을 머리로는 알고 있어도 이를 실제로 실천하기는 여간 어려운 일이 아니다.

　조직의 규모가 커지면 직원의 성과를 명확하게 측정하기

위해 KPI(Key Performance Indicator, 핵심성과지표)를 설정한다. KPI는 조직의 규모에 비례해서 세분화된다. 조직이 KPI를 만드는 근본 취지는 각 단위가 책임져야 할 성과를 명확하게 정의하기 위해서다. 하지만 안타깝게도 대부분의 개인과 조직은 KPI 자체에만 주목하여 '내 일, 네 일'을 나누려는 성향을 보인다. 조직 내에 이런 성향이 강화되면 협업을 하기가 어렵다. 협업을 해야 조직과 개인의 성과가 높아지는데, 성과를 평가하는 지표가 오히려 협업을 방해하는 것이다.

앵무새도 하는 협업인데 최고 수준의 조직 운영 시스템을 갖춘 글로벌 IT 기업이 조직 이기주의 때문에 인해 제대로 협업하지 못한다는 것은 아이러니가 아닐 수 없다.

마이크로소프트에서 중견중소기업사업부를 맡았을 때도 협업이 큰 이슈가 됐다. 고객사의 수가 많으니 온라인 영업이 효과적이라고 판단한 회사는 호주에 디지털세일즈팀을 만들고 원격 영업을 하기로 결정했다. 한편 한국 고객의 특성상 대면 영업을 완전히 무시할 수는 없어 일부 솔루션 전문 인력은 한국에 두기로 했다. 한 팀은 호주, 한 팀은 서울에서 협력하여 같은 고객을 상대로 영업해야 하는 상황이었다. 전형적인 매트릭스 구조를 만든 것이다.

어느 한쪽의 힘과 노력만으로는 성과를 낼 수 없는 구조였기에 회사는 양쪽 팀의 역할을 세분화하여 정의해주었다. 처음 고객을 접촉하여 관심을 이끌어내는 것은 호주팀이 하고, 관심이 생긴 고객이 구매 결정을 하기까지는 한국의 솔루션 영업팀이 맡기로 했다. 그리고 마무리는 다시 호주팀이 하는 것이다. 각 단계별로 양쪽의 영업팀이 해야 할 일도 매우 구체적으로 정의해주었다.

본사에서 제공한 가이드대로만 이루어진다면 아주 완벽하게 작동되는 비즈니스 수행 구도였다. 하지만 디지털세일즈 협업 모델이 정착되기까지 무려 2년 이상의 시간이 걸렸다. 책임 소재가 모호한 상황이 생기면 양쪽 팀 모두 직무 정의서대로 본인의 역할만 강조하고 나섰다. 일이 제대로 진행되기 위해서는 양쪽이 어떻게 협력하는지가 더 중요한데도 말이다. 협업 모델이 정착되기까지 관계에 상처가 나기도 하고, 조직 간의 다툼에 지쳐 부서를 떠나는 사람도 있었다.

산술적으로 조직의 모든 구성원이 자기 역할을 다하면 100%의 성과가 나야 한다. 그러나 실제로는 그러한 결과를 만들어내기가 쉽지 않다. 협력이 빠지면 개개인 또는 개별 조직이 각자의 역할을 100% 다한다 해도 의미가 없다. 조직을 책임지는 리더가 개인 간, 조직 간 협력에 힘을 쏟아야 하는 이유다.

회사의 일에는 소위 회색 지대gray area가 있기 마련이다. 이 애매한 영역을 최소화하고 성공적으로 협업을 이루기 위해 리더는 직무 정의에만 의존하지 말고, '일이 되게 하는' 협업에 중점을 두고 조직을 관리해야 한다. 대표적인 팀 스포츠인 축구만 봐도 그렇다. 누가 골을 넣었느냐 하는 최종 결과도 중요하지만, 어시스트를 누가 했는지도 매우 중요하다. 협업에 대한 기여도를 온전히 평가하고 보상을 해주어야 협업이 지속적으로 일어난다.

어떤 일을 할 때 90%가 부족해서 실패하는 경우보다 오히려 2% 부족해서 실패하는 경우가 더 많다. 그럴 때 다른 사람의 작은 도움이 실패를 성공으로 바꾸기도 한다. 나는 다른 사람, 다른 팀의 부족한 2%를 기꺼이 채워주고자 한다. 내가 여유 있을 때는 결코 어려운 일이 아니기도 하고 그렇게 하면 언젠가 내가 필요할 때 도움을 받을 수도 있다. 나는 가끔 조금씩 도움을 주지만 필요할 때는 여러 사람의 도움을 동시에 받기도 한다. 개인이든 조직이든 기꺼이 도움을 주고 도움을 받는 것이 어려움을 극복하고 성과를 창출하는 길이다.

평소 몸에 배지 않았다면 남에게 도움을 청하거나 도움을 주는 일이 어색하게 느껴질 수도 있다. 도와달라고 요청하지도 않았는데 괜히 도와주려다가 오지라퍼(오지랖이 넓은 사람)

라는 소리를 들을까 염려되는 것이다. 그래서 리더는 조직 간, 개개인 간에 서로 도움을 주고받는 분위기가 조직문화로 뿌리 내릴 수 있도록 해야 한다. 아프리카 회색앵무새처럼 협력에 따른 성과 달성의 경험이 조직의 근육에 기억된다면 협력이 문화로 자리 잡을 수 있다.

서로 도움을 주고받는 조직문화를 만들고, 협업으로 성공한 경험을 누적하는 것은 탁월한 조직이 가지는 남다른 2%일 것이다.

고과는 성과가 아닌 성장의 툴

학생은 성적표로 평가받듯이 직장인은 고과로 평가받는다. 평가를 받는다는 사실은 같지만 학생과 직장인 사이에는 큰 차이가 있다. 시험은 명확한 점수로 나타나지만, 업무를 평가하는 일은 그리 간단하지 않다는 것이다. 그렇기에 자신이 받은 고과가 온당하지 않다고 여기면 이의를 제기할 수 있어야 한다. 이것은 비단 사원들의 문제만은 아니다. 부사장급의 임원도 예외는 아니다.

마이크로소프트의 부사장으로 일할 때 한번은 연말 성과 평가에 대해 이의를 제기한 적이 있다. 마이크로소프트의 영업 관련 직군으로 일하는 사람들에게는 기본급 외에 실적급과 성과급으로 나눠지는 인센티브가 지급된다. 실적급은 목표 대비 얼마만큼의 실적을 올렸느냐에 따라 정해지고, 성과급은 해당 연도에 회사의 실적에 대한 개인의 기여도와 영향을 평가하여 정해진다. 영향impact은 다른 사람이나 타 부서의 성과에 어떤 기여를 했는지, 반대로 나의 성과에 다른 사람들의 도움을 얼마나 받았는지에 따라 평가된다.

두어 해 전으로 기억한다. 직전 회계 연도에 대한 평가가 확정되고 개별 면담이 시작되었다. 나는 실적이 괜찮은 데다 다른 부서와 협업도 잘했고 부서원들의 리더십 평가에서도 좋은 결과를 받았다. 내심 좋은 평가를 기대했는데 막상 뚜껑을 열어보니 기대에 못 미치는 것이었다. 상사를 찾아가 왜 그런 평가를 주었는지, 다음번에 더 나은 평가를 받기 위해 어떤 것들을 더 잘해야 하는지 설명해달라고 정중히 요청했다.

부사장이 성과 평가에 이의를 제기해도 되냐고 의아하게 생각하는 사람도 있을 것이다. 그러나 평가는 직급과 상관없이 적용되므로 이의가 있다면 누구라도 상사와 터놓고 얘기할 수 있어야 한다. 고과란 직원들이 회사가 중요하게 생각하는 가치를 실현하도록 하는 가장 기본적인 장치이다. 누가 승진하는지를 보면 회사가 어떤 가치를 추구하는지 알 수 있다.

마찬가지로 내가 받은 고과는 회사가 추구하는 가치를 얼마나 잘 실현했는지를 나타내는 지표이다.

직원에게 성과 평가는 개발과 성장의 자극제가 된다. 상사는 직원이 잘한 부분에 대해서는 더 잘할 수 있도록 격려하고, 개선이 필요한 부분에 대해서는 적절한 피드백을 주어 발전할 수 있도록 이끌어야 한다. 그런데 오랫동안 평가자 혹은 피평가자로서 느낀 점은 평가를 하는 사람이든 받는 사람이든 이 과정을 많이 힘들어한다는 것이다.

몇 해 전 한 대기업의 임원 진급을 앞둔 부장들을 대상으로 성과 관리에 대해 그룹 코칭을 진행한 적이 있다. 팀원 개개인의 동기를 파악하는 것이 왜 중요한지, 젊은 세대들의 경력 개발을 어떻게 도와줘야 하는지 등 성과를 높이는 방법에 대해 활발한 논의가 진행되었다. 성과 관리에서 가장 어려운 점이 무엇인가에 대한 논의가 이어지자 참가자들이 하나같이 고과에 대한 어려움을 토로했다. 특히 그 회사는 부서원 10%에 대해 무조건 최하위 고과 'D'를 주어야 하는데, 그 점이 너무나 어렵다는 것이었다.

우리는 고과를 어떻게 개선하는 것이 좋을지 함께 고민했다. 오랜 시간 진지하고 열띤 논의 끝에 최종적으로 정리한 개선책은 다음과 같다.

1. 사전에 평가 기준과 목표를 분명하게 제시한다.

2. 중간중간 면담을 통해 진행 상황을 체크한다.

3. 문제가 있다면 피드백을 정확히 주고 어떻게 개선할지 고과자와 피고과자가 서로 합의하고 실행한다.

상사들이 평가 결과를 놓고 직원과 면담하는 것을 어려워하는 이유는 그 근거를 분명하게 이야기할 수 없기 때문이다. 왜 그런 고과를 줬는지 명확하게 설명하지 못하는 것이다. 이런 경우 고과 피드백 면담에서 직원들이 왜 이런 평가를 주었는지, 평가를 더 잘 받기 위해 어떤 노력을 해야 하는지 질문하면 상사는 쩔쩔매거나 권위로 밀어붙일 수밖에 없다. 그야말로 '고과 유감'에 '대략 난감'이다.

상사로서 평가 근거를 떳떳하게 설명하려면 어떻게 해야 하는가? 평가가 성과급을 배분하는 역할에 그치지 않고 직원들의 역량을 개발하는 기회가 되려면 어떻게 해야 할까?

답은 '결과'만을 놓고 얘기하는 것이 아니라 '과정'을 두고 대화를 나누는 것이다. 그러기 위해 사전에 평가 기준을 명확히 제시해야 한다. 평가가 정당하게 받아들여지려면 어떤 성과를 달성해야 하는지 명확한 합의가 필요하다. 목표가 정해졌다면 중간중간 진행 상황에 대한 점검 미팅이 주기적으로 이루어져야 한다. 그 과정에서 더 나은 결과를 내기 위해 어떤 노력이 필요한지 의견을 나눈다. 그러지 않으면 고과는 1년에 한 번 성과급을 배분하기 위한 절차로만 인식되고 상사와 직원 모두에게 감정적인 소모전이 될 수밖에 없다.

대부분의 회사는 1년에 두 번 또는 분기별로 한 번씩 직원들과 일대일 면담을 권고하거나 강제한다. 많은 매니저들이 바쁘다는 이유로 혹은 평소에 커뮤니케이션을 자주 한다는 핑계를 대며 대충 넘어간다. 고과라는 이름으로 주어지는 이러한 기회는 중간 점검 이상의 의미를 갖는다. 개인이 회사와 약속한 성과를 이루고 있는지, 회사가 추구하는 가치를 실현하고 있는지, 반대로 회사는 개인이 성과를 내고 성장해가는 데 필요한 지원을 이행하고 있는지 주기적으로 점검하는 시간이다. 회사에서 고과를 일방적인 평가로만 여긴다면, 직원이 먼저 점검의 시간을 되찾아야 한다. 그러지 않으면 결과만 통보받는 대략 난감한 상황을 그저 받아들여야 할지도 모른다.

이러한 과정이 당연하게 받아들여지고 매끄럽게 이루어질 때 고과는 단순한 성과 측정의 툴로만 머무르지 않게 된다. 고과는 직원들 개개인에게 성장의 툴이 되고, 상사는 1년 내내 직원들의 성장을 돕는 조력자가 될 것이다. 그렇게 되면 고과는 더 나은 보상에 기여할 뿐만 아니라 피고과자 한 사람 한 사람이 더욱 성장하고 발전하는 데 도움이 되는 실질적인 툴이 될 수 있다.

리더는 문화로 조직을 지휘한다

　사티아 나델라 회장이 마이크로소프트의 3대 CEO로 임명되고 나서 지금까지 강력하게 추진하고 있는 것 중의 하나는 마이크로소프트라는 조직이 가져야 하는 새로운 문화를 정의하고 그것을 조직 전체에 뿌리내리는 일이다. 그는 심지어 CEO의 'C'가 문화culture를 의미한다면서, 본인을 문화 큐레이터curator라고 했다. 사실 이것은 비단 사티아 회장뿐만 아니라 대부분의 CEO들이 강조하는 말이다. 그러나 실제로 가치와 원칙이 기업문화로 자리 잡기 힘든 이유는 무엇일까? 아마도 문화라는 것이 머릿속에 들어 있는 지식이 아니라 몸으로 체득하는 것이기 때문이다.

마이크로소프트에서 추구하는 문화 가운데 '내가 다 알아 Know it all'가 아니라 '모든 것을 배운다Learn it all'가 있다. 급격히 변화하는 시대를 살아가면서 고개를 끄덕일 수밖에 없는 부분이다. 모든 것을 배운다는 마음가짐은 고객이 처한 환경이 빠르게 변하고 있다는 것을 인정하는 데서 출발한다. 빠른 변화 속에 놓인 고객이 살아남고 혁신하여 더 많은 것을 성취할 수 있도록 우리는 지속적으로 배우는 자세를 가져야 한다. 그런 태도를 바탕으로 고객의 상황을 더 많이 이해하려고 노력해야 한다는 뜻이다. 고객의 문제를 중심에 놓고 풀어가려면 다양한 사람들의 의견에 귀를 열고 내부 조직 간의 이해관계를 넘어서서 일해야 한다. 새로운 기업문화의 정착을 지나치리 만큼 강조하는 이유는 단지 더 높은 성과를 창출하기 위해서가 아니다. 이러한 변화를 몸에 익히지 못한다면 마이크로소프트의 생존조차 보장할 수 없다는 절박함 때문이다.

그 외에도 마이크로소프트는 '배우는 자세, 고객 중심, 다양성과 포용, 하나의 마이크로소프트'라는 기업문화를 정착하고자 애써 왔다. 회사에서 하는 모든 활동들, 즉 회의와 영업, 고객지원, 파트너사들과 일하는 방식, 직원 간 관계에서 새로운 문화가 실천되기를 기대했다. 그런데 지난 몇 년간의 노력에도 불구하고 그렇지 못한 모습들이 여전히 많이 남아 있다. 그렇다면 왜 새로운 문화는 구호에 그치는 것일까? 왜 우리가 일하는 모습은 쉽게 변하지 않는가?

문화가 바뀌지 않는 단 한 가지 이유를 말하라고 하면 직원들을 이끄는 '리더'들이라고 답하고 싶다. 리더가 변해야 문화가 바뀐다. 문화를 바꾸기 위해서는 리더에게 3가지 변화가 필요하다.

가장 먼저 '고객 중심' 문화를 정착하기 위해서는 역설적이게도 '직원 중심' 문화가 선행되어야 한다. 리더가 먼저 직원들에게 공감하고 그들을 존중해야 한다는 것이다.

고객이 맞닥뜨린 변화의 크기만큼이나 직원들이 감내해야 하는 변화의 크기 또한 엄청나다. 영업인들의 경우 십수 년 동안 고객사의 전산부서와 좋은 관계를 유지하고, 필요한 라이선스 숫자를 파악하고, 예산을 잡는 데 도움을 주는 역할만으로도 인정받으며 자리를 유지할 수 있었다. 그러나 언제부터인가 영업인들에게 고객사의 현업 비즈니스 부서에 도움을 주는 역할이 주어졌다.

어느 영업인이 모바일 쇼핑 업체의 성장으로 어려움을 겪고 있는 대형마트 고객을 만난다고 하자. 그것도 오랫동안 만나온 전산부서가 아니라 회원 고객의 데이터를 분석해서 이들을 온

라인몰로 유입시키는 임무를 맡은 팀이다. 고객의 고민을 들어주기는 하지만 과연 영업인이 그 고민을 제대로 이해하고 다음 약속을 잡을 정도로 대화를 진전시킬 수 있을까? 생소한 영역에 던져진 영업사원에게는 미팅 자체가 두려운 일이 아닐 수 없다. 리더는 이들의 두려움을 이해하고 지원할 방법을 생각해야 한다. 영업사원이 알아서 고객 중심 마인드로 고객의 문제를 풀어주기를 기대할 수는 없다.

두 번째로 리더는 문화를 '개념'으로 소개할 것이 아니라 실천 가능한 형태로 보여주어야 한다. 리더는 새로운 문화를 일하는 방식으로 체화하고 스스로 실천하여 직원들이 따라 배울 수 있는 본보기가 되어야 한다.

마이크로소프트가 추구하는 변화 중에 '하나의 마이크로소프트'가 있다. 내가 소속된 팀의 이해관계를 넘어 '하나의 마이크로소프트'가 될 수 있도록 사고하고 일하자는 것이다. 과거 윈도우즈, 오피스, 엑스박스 등으로 사업부가 나뉘어 있을 때 효율적인 성과를 내던 시대가 있었다. 그러나 고객의 환경이 빠르게 변하고 복잡해짐에 따라 우리가 제공하는 서비스도 복잡해지면서 조직 간의 협업이 비즈니스의 성공에 엄청나게 중요한 요소가 되었다.

내가 일하던 엔터프라이즈 사업부만 해도 솔루션 전문가

부서, 파트너사를 발굴하고 키우는 파트너 사업부, 기술적인 이슈가 발생했을 때 지원하는 기술지원 부서와의 협업이 성공에 결정적인 역할을 한다. 이 부서들 간에 협업이 잘 이루어질 수 있도록 윤활유 역할을 하는 것이 부서장들이다. 이들 리더는 문제가 발생했을 때는 누구의 잘못을 따지기 전에 '내가 문제의 책임자'라는 생각을 가지고 문제 해결을 주도하는 모습을 보여주어야 한다. 그러면 직원들도 자신들이 역할을 수행하는 과정에서 발생하는 문제들을 '내가 풀어가야 할 것'으로 생각하고 주도적으로 협업에 동참한다.

말로 하기보다는 솔선수범해서 보여주는 것이 남을 변화시키는 가장 좋은 방법이다. 책임감을 갖는 것뿐만 아니라 다른 사람들에 대한 존중과 도덕적인 품성을 리더가 직접 행동으로 보여줄 때 구성원들도 따른다.

마지막으로 리더는 강사가 아니라 코치가 되어야 한다. 기존의 방식을 벗어던지고 새로운 방식을 선택할 때는 엄청난 저항에 부딪히게 마련이다. 익숙하고 낡은 것들이 새로운 것으로의 이행을 가로막는 것이다. 문화는 의식적 차원에서 시작되지만 궁극에는 습관으로 몸에 배어 지속적인 행위라는 결실을 맺어야 한다. 그래야 문화로 정착될 수 있다. 이때 필요한 것은 일장훈시나 강의가 아니라 낡은 습관을 지속적으로 조율해주는 코칭이다.

리더는 일방적으로 답을 통보하는 것이 아니라 직원 한명 한명이 자신의 길을 찾아갈 수 있도록 가이드를 해야 한다. 자신의 제한된 시야에서 벗어나 여러 가지 가능성을 바탕으로 크고 작은 시도를 할 수 있도록 이끌어주는 것이다.

회사의 가치와 원칙이 조직 구성원의 행동으로 체화되어 새로운 문화로 정착되기 위해서는 CEO뿐 아니라 각 부서나 팀을 맡고 있는 리더의 역할이 무엇보다 중요하다. 각 조직을 맡고 있는 리더가 구성원들이 공감하고 따라 할 수 있는 본보기가 될 때 회사가 추구하는 가치와 원칙이 비로소 기업문화로 정착되어 조직의 혁신과 지속 가능한 성장을 만들어낸다.

다양성은 옵션이 아니다

'환경 변화'와 '다양성'을 주제로 언급할 때 빠지지 않는 사례가 있다. 바로 산업혁명 시대의 나방 이야기다. 19세기 영국에는 밝은색과 어두운색의 회색가지나방 개체가 둘 다 서식해왔다. 그런데 산업혁명 기간 동안 그을음으로 나무의 색이 어두워지자 밝은색의 나방들은 사라지고 어두운색의 나방들만 생존했다. 이후 1956년 청정대기법이 발효되어 숲이 깨끗해지자 이번에는 어두운색의 나방들이 줄어들고 밝은색의 유전자를 가진 나방들이 생존하게 되었다.

회색가지나방은 어두운색과 밝은색의 개체가 모두 존재했기에 산업혁명과 청정대기법의 발효라는 두 번의 급격한 환경 변화에도 생존할 수 있었다. 이것은 다양성 확보의 중요성을 보여주는 사례이다.

최근 지속적인 성장을 고민하는 조직들이 다양성과 포용을 중요하게 생각하는 것도 이와 무관하지 않다. 환경 변화가 급속도로 진행되면서 위기가 일상화되었기 때문이다. 호텔 그룹 힐튼이 전 세계 69개 나라에 진출하는 데 72년이 걸렸는데, 에어비앤비는 3년 만에 89개국에 진출했다. 하지만 급격한 성장을 이룬 에어비앤비도 코로나19로 인해 예기치 못한 위기를 맞이했다.

2017년 7월에 출범한 카카오뱅크는 설립한 지 2년이 채 되지 않은 2019년 7월 11일 1천만 번째 계좌를 개설했다고 발표했다. 이제 예측할 수 없는 환경의 변화와 그로 인한 위기가 일상화되면서 기업은 급속한 변화에 적응하고 살아남기 위해 새로운 생존 전략을 찾고 있다. 그중 핵심이 바로 '다양성과 포용'이다.

다양성은 왜 조직의 생존과 직결되는 문제일까? 어느 조직이나 인싸와 아싸가 있게 마련인데, 일반적으로 조직을 주도하는 인싸, 즉 주류의 목소리가 크다. 그러나 조직 내에서 권위를 갖는다고 해서 그들이 항상 옳은 것은 아니다. 바로 그 지점에서 문제가 생긴다. 국내 기업들은 전통적으로 일방적인 의사 결정을 내리고 불도저식 추진 전략을 취해왔다. 그런데 앞으로의 경영 환경은 숲인지 늪인지, 심지어 낭떠러지인지 한 치 앞도 알 수가 없다. 기존의 경영 전략이 계속 효과를 발휘할 수 있을 것이라고 누구도 장담할 수 없다.

조직은 고객의 니즈와 시장의 변화를 예민하게 감지해서 순발력 있게 대응해야 한다. 다양한 고객들이 시시각각 변화하는 니즈를 쏟아내고 있는 상황에서 과거의 성공 경험에 매달린다면 기업은 하루아침에 위태로워질 수 있다.

내부적으로 다양성과 포용의 과제는 외부 환경 변화에 대응할 수 있는 조직을 어떻게 만들어내느냐의 문제로 귀결된다. 다양한 경험과 지식, 감각들이 유기적으로 작용하여 외부 변화를 감지하고 대응 전략을 만들어내려면 조직 내에 가지각색의 사람들이 모여 활발히 커뮤니케이션을 해야 한다. 그래야 주류의 목소리가 다양한 목소리를 억압하지 않고 작은 목소리도 놓치지 않을 수 있다. 작든 크든 조직을 이끄는 리더라면 구성원들이 다양한 목소리를 낼 수 있는 문화를 만들기 위해 노력해야 한다.

내가 한국마이크로소프트에 입사할 수 있었던 것도 회사의 '다양성 전략' 덕분이었던 것 같다. 마이크로소프트도 윈도우즈와 오피스로 전 세계를 석권했던 독점적 지위가 흔들

리면서 위기에 빠졌다가 사티아 나델라 회장의 경영 혁신으로 최근 다시 지속적인 성장의 궤도에 올랐다. 이 과정에서 '다양성과 포용'이 경영의 핵심 전략으로 강조되었고, 한국 지사에서 리더십팀을 꾸릴 때도 여성 리더를 중요하게 고려했던 것이다.

어찌 보면 나 자신이 다양성 전략의 아이콘이라고 할 수 있었다. 그래서 다양성을 높이고 소수의 목소리가 억눌리지 않고 드러날 수 있는 환경을 만들기 위해 노력해왔다. 하지만 실제로 팀을 운영하면서 당장의 성과와 다양성을 저울질하며 쉽지 않은 선택을 해야 하는 상황을 마주하기도 했다.

파트너 담당 부서를 맡고 있을 때 교육 분야의 담당자를 채용하게 되었다. 인사부에서 링크드인을 통해 10여 명의 후보자와 접촉했고, 나는 그중 4명을 확정해서 인터뷰를 진행하기로 했다. 3명은 IT 업계에서 오랫동안 파트너 관련 일을 해온 사람들이었다. 나머지 한 명의 이력이 조금 독특했는데, IT 업계에서 일하다 몇 년 전 꽃 배달 사업을 시작한 사람이었다. 아쉽게도 뜻대로 되지 않아 사업을 접고 다시 IT 업계에서 일을 찾고 있었다.

인터뷰 후 나는 내심 꽃 배달 사업을 했던 후보자에게 가점을 주고 있었다. 그녀가 시도했던 사업은 구독 서비스로 꽃을 집이든 사무실이든 제공하는 방식이었다. 매월 일정 금액을 내면 고객의 취향에 맞는 꽃을 주기적으로 배달해주는 것이었다. 인터뷰를 하면서, 그녀가 생각했던 고객의 니즈와 실제 고객의 니즈가 어떻게 달랐는지, 수익성을 분석하는 데 어떤 오류가 있었는지, 꽃 유통을 둘러싼 생태계가 그녀의 예상과 어떻게 달랐는지에 대해 얘기를 나눴다. 나는 우리가 하고자 하는 일, 즉 클라우드 서비스의 생태계를 만드는 일에 그녀가 적임자라는 확신이 들었다. 불확실한 비즈니스 환경에서 답을 찾아갈 수 있는 사람이라고 판단한 것이다.

최종 의사 결정에는 여러 사람들의 합의가 필요했다. 3년간의 경력 공백으로 성과를 내기까지 시간이 오래 걸릴 수 있다는 반대에 부딪혔다. 결국 투자 계획이 변경되면서 채용 자체가 없던 일이 되어버렸다. 하지만 인터뷰와 내부적인 논의 과정을 통해 다양성의 가치에 대해 조직적인 공감을 이루어 내기가 얼마나 어려운지, 그럼에도 불구하고 왜 리더가 다양성을 추구해야 하는지에 대해 깊이 생각하는 계기가 되었다.

다양성에 대한 요구는 언제나 위기 상황에서 나온다. 임진왜란이라는 국가적 위기는 고지식하고 미련스러울 만큼 우직한 성격 탓에 번번이 진급에서 누락됐던 무장 이순신을 역사의 최선봉으로 소환했다. 그렇지만 위기가 지나고 안정기가 찾아오면 새로운 주류가 등장한다. 이들은 더 이상 위기 대응 능력이 탁월한 사람을 필요로 하지 않는다. 소위 역도태 현상이 일어나는 것이다.

그러나 이제 위기는 변수가 아니라 상수이다. 기업의 경영 환경은 한 치 앞도 예측할 수 없는 격변의 연속이다. 늘 위기라는 경영진의 말이 더 이상 엄살은 아닌 것이다. 예기치 못한 다양한 문제에 대응하려면 익숙한 배경, 나와 비슷하기에 편한 사람들이 아니라 지금까지 우리 조직이 갖지 못한 시각을 가진 사람들로 다양성을 높여야 한다. 그들이 자신의 생각과 경험을 마음껏 펼칠 수 있는 조직문화를 만드는 것이 위기가 일상이 된 경영 환경에서 생존하는 데 필수적인 전략인 것이다.

진화를 위한 공감의 톱다운

조선왕조가 세계사에서 명멸해간 수많은 왕조들 중에 가장 오래 지속된 왕조 중 하나라는 것은 잘 알려진 사실이다. 부패하고 퇴락하던 고려를 붕괴시키고 역사의 무대에 등장한 조선은 어떻게 혁신적인 국가를 건설하고 당대 최고의 경쟁력을 갖출 수 있었을까? 여러 이론들이 있지만 어떤 학자들은 조선의 문화적 혁파에서 그 이유를 찾는다.

조선의 건국을 주도한 신흥 사대부들은 과감하게 고려와의 결연을 단행했다. 그리고 이를 완성시키기 위해 의식주 등 모든 영역에 걸쳐 새로운 문화를 이식하고 뿌리내렸다. 심지어 고려와 단절하기 위해 책상과 의자를 버리고 온돌과 좌식

문화를 도입하기까지 했다.

회사에도 문화가 있다. 의사 결정 방식, 직원들이 서로를 대하는 태도와 일하는 방식, 심지어 출퇴근 시간과 복장까지 문화를 형성한다. "전략은 문화의 아침거리에 지나지 않는다 Culture eats strategy for breakfast"라는 피터 드러커의 말처럼 문화는 눈에 보이지 않지만 비즈니스 전략 이상으로 중요한 역할을 한다. 특히 시대의 변화에 맞춰 기업의 혁신이 필요할 때 회사는 변화를 선도하기 위해 새로운 문화를 주창한다. 일하는 방식과 생각하는 방식, 관계 맺는 방식을 바꾸어야 새로운 전략을 실행할 수 있기 때문이다.

오늘날 혁신의 아이콘으로 글로벌 리딩 기업의 자리에 복귀한 마이크로소프트. 닷컴 버블이 꺼지던 2000년대 초부터 2012년 노키아 인수까지 '마이크로소프트의 잃어버린 10년'을 보내고 CEO가 되어 혁신을 이끌던 사티아 나델라 회장은 결국 문화가 바뀌지 않는 한 변화에 성공할 수 없다고 생각했다. 그는 자신을 '문화 큐레이터'로 정의하고 새로운 문화를 정착시키는 데 혼신의 노력을 다하고 있다. 그가 각고의 노력을 기울이는 이유는 기존 방식의 강하고 집요한 저항으로 인해 몇 번의 캠페인으로는 새로운 문화가 자리 잡을 수 없을 뿐더러 아래로부터 진정한 동참과 변화를 기대할 수도 없기 때문이다.

코로나19로 사회 전반에 걸쳐 엄청난 변화가 일어나고 있다. 비즈니스 기회를 맞이하는 기업과 도전을 받는 기업들이 있다. 살아남는 전략, 혁신하는 전략은 다르지만 새로운 문화를 만들고 정착하는 것은 모든 기업의 숙제가 될 것이다. 그리고 사티아 나델라 회장이 보여주는 것처럼 문화 큐레이터로서 CEO의 역할이 더 중요해질 것이다.

코로나19가 확산되기 얼마 전 LG화학 전지부문 사장을 만났다. 그는 물리적인 거리와 언어 문제로 생산공장과 본사 간의 커뮤니케이션이 비효율적이라고 생각하던 차에 체코 프라하로 출장을 간 이야기를 들려주었다.

꼭 들러봐야 한다는 지인의 권고에 따라 출장 마지막 날 새벽 그는 프라하 성을 찾았다. 성의 규모가 너무 커서 입구를 찾는 것부터 헤매고 있었는데, 설상가상으로 새벽에는 관광객도 없고 눈에 띄는 현지인들 중에 영어를 할 줄 아는 사람도 없었다. 체코어는 영어와 완전히 달라 영어를 할 줄 아는 현지인이 드물다고 한다. 손짓 발짓으로 출입구를 물어보던 그는 문득 구글 번역기를 떠올렸다. 구글 번역기로 영어를 체코어로 번역해가면서 의사소통을 시도한 끝에 프라하 성 관광을 마치고 귀국행 비행기를 탈 수 있었다.

한국에 돌아온 그는 번역 기술을 이용해 지리적인 제약과 언어 문제를 풀어가기 시작했다. 그리고 원격 업무에 대한 해결책을 찾기 시작할 즈음에 나를 만난 것이다. 결국 그는 완벽하지는 않지만 해결책을 찾아냈다. 하지만 문제는 그렇게 찾아낸 해결책을 어떻게 일하는 문화로 확산할 것인가였다. 그는 자신이 주관하는 임원회의부터 원격 화상회의를 진행하기로 했다. 임원들 모두 자기 사무실에서 원격으로 접속하는 것이 익숙하지 않아 불편을 겪었지만 변화를 위해서는 어쩔 수 없는 선택이었다.

그를 만난 날 저녁 나는 LG화학의 주식을 몇 주 샀다. 이런 CEO가 이끄는 회사라면 잘되겠다는 확신이 들었기 때문이다. 그로부터 몇 달이 되지 않아 코로나19가 팬데믹으로 번졌다. 여러 기업들이 미처 준비하지 못한 상태에서 재택근무를 시행하느라 막대한 업무 차질이 불가피한 상황이었다. 하지만 LG화학은 미리 경험하고 준비했기에 예상치 못한 상황에서도 업무 연속성을 유지할 수 있었다.

물론 재택근무는 코로나19가 초래한 언컨택트 환경에 적응하기 위한 시작에 불과하다. 조직의 말단으로 업무 지시를 내리고 위로 보고를 하던 중간관리자들의 역할도 점검할 필요가 있다. 늘상 해오던 대면 업무도 바뀔 것이다. 함께 밥 먹고 술 마시며 형성된 관계 때문에 적당히 해오던 인사고과도 이제는 명확한 기준에 따라 성과를 측정하고 평가하는 방식으로 바뀌어야 한다. 이외에도 무수한 변화가 필요하다.

이 모든 변화들은 기존의 방식과 격렬한 문화적 충돌을 낳는다. 조직은 익숙한 것과 더욱 효율적인 것 중에서 무엇을 취하고 무엇을 버릴지 선택해야 한다. 이러한 상황에서 CEO는 기존에 효율적이라고 생각했던 것들이 과연 지금의 상황에서도 유효한지 돌아봐야 한다. 효율성이 떨어지는데도 익숙하다는 이유만으로 고수하던 것들과 새로운 것에 저항하는 낡은 것들에 일격을 가하는 외부적 충격도 필요하다. LG화학 전지부문 사장처럼 익숙한 것을 버리려면 초기의 불편함을 강제함으로써 편리함을 체감하게 해야 한다.

직원들의 공감을 얻지 못하면 기업문화로 자리 잡을 수 없다. 기존의 방식은 이미 직원들의 몸에 체화되어 있다. 따라서 새로운 방식과 문화를 당위성과 효율성을 체감할 수 있는 형태로 제시해서 시행 초기 단계부터 직원들의 지지를 이끌어내야 한다. 이 과정에서 리더의 솔선수범은 기본이다. 그리고 일상적인 업무에서 조직문화를 실천해야 할 말단 직원들의 생각을 어떻게 감지해내고 공감지수를 높일지 고민해봐야 한다. 직원들의 피드백을 적극 반영해서 새로운 문화를 정착

해나가는 데 불편하거나 비효율적인 것들은 재빨리 개선해야
한다. 문화는 일하는 방식 그 자체이기 때문이다.

심리적 안전감으로 생산성을 높이다

회사의 업무는 계획-실행-평가-개선Plan-Do-Check-Action의 루프(loop, 반복 순환)로 이루어진다. 목표를 설정하는 것이 계획이고 계획에 따라 업무를 수행하는 것은 실행이다. 중간중간 진행 상황을 점검하는 것은 평가에 해당되고, 평가 결과가 애초의 목표에 미치지 못할 경우에는 그것을 달성하기 위해 다양한 활동이 이루어진다.

이 과정은 작은 규모의 팀 단위부터 사업부, 나아가 회사 전체 규모까지 지속적으로 이루어지는데, 이를 위해서는 사업부서의 정확한 매출 예측forecasting이 중요하다. 계획을 세울 때 매출 목표를 정하지만 실제 사업을 하다 보면 매출이 목표한 것보다 많거나 적을 수 있다. 예측된 매출액에 따라 회사는 살림살이를 하고 각종 의사 결정을 해나가기 때문에 매출을 정확히 예측하는 것은 경영 활동의 기본이다.

이런 이유로 사업 조직을 맡았을 때 가장 중요한 일 중의 하나가 매출액을 정확히 예측하고 보고하는 것이다. 문제는 매출을 제대로 예측하기가 쉽지 않다는 데 있다. 중요성을 인식하고 그렇게 많은 노력을 투여하는데도 왜 예측의 정확도를 높이는 데 번번이 실패하는 것일까?

15년이 넘는 기간 동안 영업팀장, 사업부장, 지사장으로 매출 부서를 이끌면서 나는 다른 리더들에 비해 매출 예측이 정확하다는 평가를 받아왔다. 매출 예측의 정확성은 당연히 높은 성과로 이어졌다.

영업조직을 이끄는 리더들은 거래의 진척 상황을 주기적으로 체크한다. 회사마다 영업 관리에 활용하는 툴은 다를지라도 개별 미팅이나 팀 미팅을 통해 거래 진행 상황을 확인하지 않는 영업 매니저는 없을 것이다. 'OO 고객사에서 OOO 제품으로 언제까지 얼마의 매출을 올릴 예정'이라고 영업관리 시스템에 철석같이 입력하더라도 그대로 거래가 마무리되는 경우는 거의 없다. 영업사원의 의지가 현실보다 크게 반영되기도 하고, 그때그때 상황을 어떻게 판단하고 행동하느냐에 따라 결과가 크게 달라진다. 그래서 매니저들은 영업사원들과의 미팅에서 거래 상황을 파악한 다음 어떤 조치를 취할지 가이드를 주고 회사에 예상 매출액을 보고한다.

내가 예상 매출액을 비교적 정확하게 예측할 수 있었던 이유는 각 거래의 진행 상황을 다른 사람들보다 비교적 정확하게 파악했기 때문이다. 현장 상황은 고객들과 대면하는 팀원들이 가장 정확하게 알고 있기 때문에 거래의 진행 상황을 파악하기 위해서는 팀원들과의 소통이 필수적이다. 그렇다고 내게 팀원들의 마음을 읽는 독심술이나 남다른 혜안이 있는 것은 아니다. 다만 나는 영업사원들이 거래 상황을 솔직하게 이야기할 수 있는 분위기를 만들려고 노력한다.

정기 미팅이 아니더라도 우리 팀원들은 거래에 문제가 생기면 언제든지 나에게 상의한다. 유관 부서와 협업하는 과정에서 발생한 애로 사항을 해결해달라고 하기도 하고, 경쟁사가 윗선 영업을 통해 실무자를 압박하고 있으니 함께 고객사를 방문해달라고 요청하기도 한다. 심지어 본인이 실수로 견적을 잘못 냈는데 어떻게 수습하면 좋을지에 대해서도 도움을 구한다.

이렇게 팀원들과 늘 소통하기 때문에 내가 파악하고 있는 거래 상황은 항상 최신 업데이트된 것이었고, 결과적으로 내가 보고하는 예상 매출도 실제에 근접했다. 정확한 현황 파악을 통해 판단과 조치도 신속하고 적절하게 내리니 수주 확률도 높아졌고 팀의 생산성은 지속적으로 올라갔다.

팀 내에서는 팀원 간, 그리고 팀장과 팀원 간의 업무가 상호 유기적으로 연결되어 있다. 다만 대다수의 팀들이 겉으로만 연결된 것처럼 보일 뿐 정보의 공유와 협업이 효과적으로 이루어지지 못한다. 우리 팀원들은 어떻게 실수마저 공유할 수 있게 되었을까?

구글은 2012년부터 고도로 생산적인 팀들의 특성을 연구한 '아리스토텔레스' 프로젝트를 수행했다. '전체는 부분의 합보다 크다The whole is greater than the sum of its parts'라는 고대 철학자 아리스토텔레스의 말을 증명하려는 듯 구글은 높은 생산성을 보이는 팀에 대한 연구를 통해 탁월한 팀의 비밀을 규명하고 회사 내에 수평적으로 전개하고자 했다.

프로젝트를 통해 구글은 생산적인 팀을 만드는 5가지 요소를 찾아냈다. 팀의 목표와 구성원들 각자의 역할에 대한 분명한 이해, 팀원들 모두 최선을 다하고 있다는 믿음, 팀원들이 저마다 자신이 하는 일에 대해 의미와 만족감을 가지는 것, 그리고 자신이 하고 있는 일이 회사에 어떤 도움이 되는지를 이해하는 것도 중요한 요소였다. 그중 팀의 생산성에 가장 큰 영향을 미치는 요소는 '심리적인 안전감Psychological Safety'이었다.

연구에 의하면 높은 생산성을 보이는 팀은 다른 구성원들의 비난을 걱정하지 않고 자신의 생각을 자유롭게 표현하고 위험을 감수할 수 있는 안전한 환경에서 일하고 있었다. 내 경험을 통해서도 깊이 공감되는 부분이다. 내가 팀원들과 소통을 원활히 할 수 있었던 것도 바로 팀 내에 심리적 안전감을 주는 업무 분위기를 만들기 위해 노력했기 때문이다.

심리적으로 안전하게 느껴지면 사람들은 솔직해진다. 마치 큰 거래인 것처럼 금액을 부풀려 보고할 필요도 없고 6개월 이후에나 계약이 성사될 거래를 이번 분기에 매출계산서를 발행할 수 있다고 허위 보고를 하지도 않는다. 실수를 하더라도 이해받을 수 있을 거라고 생각하기 때문에 다양한 시도를 해보고, 무시당하지 않으리라는 믿음이 있기에 거리낌 없이 도움을 요청한다. 팀 미팅을 할 때도 좋은 이미지를 유지하기 위해 형식을 차리거나, 예의 바른 사람으로 보이기 위해 진실을 에둘러 말할 필요도 없다.

두말할 것도 없이 팀원들이 안전감을 느끼는 데는 리더의 역할이 절대적이다. 리더는 팀원들의 얘기에 끝까지 귀 기울이고 생각을 확장할 수 있도록 질문을 해야 한다. '경험이 많은 리더로서 내가 해결책을 제시해주어야 한다'는 강박관념은 문제의 해결과 성과 달성에 별 도움이 되지 못한다. 오히려 팀원들에게 좋은 방법이나 의견을 구해보고, 팀장으로서 도와줄 것이 무엇인지 물어보는 것이 훨씬 낫다. 상사는 해결책을 주는 사람이 아니라 함께 생각하는 사람, 일이 예상대로 진행되지 않을 때 책임지는 사람이 되어야 한다.

심리적 안전감을 주는 환경을 만들 때 팀원들은 두려움 없이 자기 생각을 얘기할 수 있고, 자신의 한계를 뛰어넘어 새로운 것에 과감히 도전할 수 있다. 팀원들이 자신의 역량을 맘껏 발휘하면 팀의 생산성은 자연히 올라갈 수밖에 없다.

'네트워크가 좋다'는 것은

그저 아는 사람들이 많다는 뜻이 아니다.

얼마나 많은 사람들을 아느냐는 중요하지 않다.

그보다 나에 대해 좋게 얘기해주는 사람이

얼마나 많은지가 더 중요하다.

굳이 스스로를 '똑똑하고 유능합니다'라고

얘기하지 않아도

'그 사람은 참 똑똑하고 성실해요'라고

말해줄 수 있는 사람,

기회가 있을 때 나를 떠올려 줄 수 있는

사람들이 더 중요한 것이다.

6장

함께 일하고 싶은 사람의
유능함을 생각합니다

'나를 위한 이사회'를 구성하라

　몇 해 전 한 여성단체로부터 '사내 정치'를 주제로 강의를 해달라는 요청이 들어왔다. 임원으로 성장하고 싶은 차부장급을 대상으로 한 리더십 과정을 12가지 커리큘럼으로 구성했는데, 그중 하나가 사내 정치였다. 담당자는 여성 리더들이 힘들어하는 부분이 '정치적 감각'이라는 조사 결과에 따라 선정된 주제라고 귀띔해주었다. 그리고 내가 다른 여성들보다 사내 정치를 잘할 것 같아서 초청했다는 말도 덧붙였다.

　강의 준비를 위해 위키피디아에서 '사내 정치'를 검색해보니 자료가 상당히 많았다. 역시 많은 이들의 고민거리라는 생각을 하던 차에 재밌는 사실을 발견했다. 영문판 위키피디아와 한글판 위키피디아에서 사내 정치가 서로 다르게 설명되어 있었던 것이다. 한글판 위키피디아에는 사내 정치가 부정적으로 기술되어 있었다.

"사내 정치는 고용된 조직 내에서 이익을 얻기 위한 목적으로 기존의 보장된 권한을 넘어 개인적인 또는 주어진 권한을 행사하는 것을 뜻하는 말로 '줄을 선다' 혹은 '줄을 세운다'는 말로도 사용된다. 직장인 사이에서는 성공하기 위한 조건 중의 하나로 사내 정치가 꼽히나 이는 조직의 상호 간 신뢰를 떨어뜨리는 등의 문제점도 있다."

긍정적인 면을 거의 찾아볼 수 없다.

반면 영문판 위키피디아에 나와 있는 'Workplace Politics'에 대한 해석은 훨씬 중립적이다.

"개인적인 이익이나 조직의 이익에 도움이 되는 어떤 변화를 만들어내기 위해 조직 안에서 권한과 네트워킹을 활용하는 것이다. 잘못 활용되어 매우 파괴적인 결과를 만들어낼 수 있지만 조직의 내부 기어에 기름칠을 해주는 윤활유가 되기도 한다."

활용하기에 따라 부정적인 결과를 낼 수도 있고, 긍정적으로 활용될 수도 있다는 것으로 해석된다.

강의를 준비하면서 곰곰이 생각해보니 왜 많은 직장인들

이 사내 정치를 어렵게 여기는지 어렴풋이 알 수 있었다. 사내 정치의 부정적인 측면, 즉 개인적인 이익을 위해 '줄을 선다'는 부분에 집중하기 때문이다.

나는 30년간 직장 생활을 하면서 사내 정치에 대해 긍정적으로 생각해왔다. 부정적인 측면이 아예 없는 것은 아니지만, 활용할 수 있는 측면이 있었다. 그러한 태도 때문에 나를 사내 정치에 강한 사람이라고 보는 듯했다. 나는 긍정적인 의미에서 여성 리더들이 오히려 사내 정치에 강하지 않을까 생각한다. 조직의 이익에 도움이 되는 어떤 변화를 만들어내기 위해 권한이나 네트워킹을 활용하는 면에서 말이다. 나의 커리어를 돌아보더라도 새로운 제안을 하거나 변화를 추구할 때 동료들의 시기를 사기보다는 도움을 받았고, 상사도 늘 내 지지자가 되어주었다.

언젠가 상사로부터 "우미영 씨는 내가 지금까지 보아온 사람들 중에 가장 외교적인 사람이다"라는 얘기를 들은 적이 있다. 내가 다른 사람들에 비해 사내 정치를 잘하는 사람으로 보였던 모양이다. 당시 나는 한국 내에서의 사업을 책임지고 있었다. 다국적 기업의 특성상 본사나 아시아태평양본부의 도움 없이는 성공하기 힘든 상황이었기에 나는 본부 사람들에게 우리의 상황을 이해시키기 위해 노력했다. 그들과 친해지려고 했던 모습이 외교적으로 보였으리라 짐작된다.

한국에서는 사내 정치라는 말이 부정적으로 쓰이고 여전히 사내 정치와 관련해 고민하는 후배들이 있다 나는 그들에게 '나를 위한 이사회'를 만들어보라고 제안한다. 사내 네트워크를 보다 조직적으로 구축해보라는 것이다.

나에게 사내 네트워크란 '나를 위한 이사회'다. 회사가 올바른 방향으로 나아가도록 조언해주고 도움을 주는 것이 이사회이다. '나를 위한 이사회'는 나의 성공을 위해 도움을 주고, 사내 소식을 알려주며 솔직한 조언을 해줄 사람들로 구성해야 한다. 사내에서 경쟁하는 다른 동료들에 밀려 혼자 고군분투하고 있다는 생각이 든다면 '나를 위한 이사회'가 제대로 구성되어 있는지 생각해봐야 한다.

의사 결정이나 지원이 필요할 때 나를 지지해줄 나만의 이사회가 제 역할을 하기 위해서는 어떤 사람들이 필요한지 알아야 한다. 또한 그들이 나의 성공을 진심으로 바라고 제대로 활동하고 있는지 점검할 필요가 있다. 물론 사내에서 중요한 의사 결정이 이루어질 때 '나를 위한 이사회' 회원들에게 접촉하여 나에 대한 지원을 사전에 마련하는 일도 적극적이고 치밀하게 해두어야 할 것이다.

'나를 위한 이사회'에서 가장 중요한 멤버 중 하나는 상사이다. 평소 상사와의 신뢰 구축은 기본이고, 내가 상사의 성공을 돕는 사람으로 포지셔닝되어야 한다. 평소 상사와 신뢰를 쌓아두면 좋은 기회가 생겼을 때, 또는 누군가를 천거하거나 인선할 때 나를 떠올릴 것이다. 상사와 나는 서로 부족한 부분을 채워주는 보완 관계라는 점을 기억하자. 상사의 단점이나 부족한 부분을 채워줌으로써 나의 존재를 더욱 효과적으로 부각할 수 있을 것이다.

때로는 능력이 부족한 상사를 만나 힘든 경우도 있다. 내가 이런 상사에게 꼭 필요한 존재가 된다면 상사는 나를 놓치지 않기 위해 승진이나 포상의 기회가 있을 때 나를 떠올리지 않을까? 한편 나를 힘들게 하는 상사로부터 벗어나는 가장 효과적인 방법은 그를 승진시키는 것임을 언제나 가슴에 새겨두자. 상사를 도울 방법을 궁리하면 상사의 마음도 얻고 상사로부터 해방될 수도 있다.

동료도 상사 못지않게 중요한 멤버다. 매트릭스 조직으로 서로 협업하는 관계라면 동료는 나의 성공에 절대적인 영향을 준다. 하지만 업무를 함께 수행하는 과정에서 갈등이 생기기 쉽다. 이런 관계에서는 내가 먼저 협조함으로써 정치적 우위를 확보할 수 있다. 책임이 모호한 영역이 있다면 내가 기대하는 것과 줄 수 있는 것을 막연히 짐작할 것이 아니라 분명히 해두는 것이 중요하다.

한편 업무적으로 직접적인 연관은 없지만 평소 알고 지내는 수평적인 동료 관계도 있다. 이러한 동료들의 평판이 나의 사내 활동에 적지 않은 영향을 미친다는 점에 유념할 필요가 있다. 영업을 하다 보면 같은 팀 동료가 큰 거래를 성사시켜 회사나 팀의 주목을 받을 때가 있다. 부러운 마음이 들더라도 진심으로 축하하고 기뻐해주는 것은 나의 관계 계좌에 잔고를 늘리는 일이다.

"배고픈 것은 참을 수 있어도 배 아픈 것은 못 참는다"는 말처럼 동료의 성공을 시기하고 질투하는 것이 인지상정이지만, 관점을 바꿔보면 동료의 성공이나 실적 달성은 나에게도 좋은 일이다. 내 상사의 목표는 나와 동료들의 목표로 구성되어 있으니, 동료의 실적이 좋으면 상사의 실적도 좋아진다. 상사의 실적이 괜찮으면 내 실적이 조금 부족해도 부담이 적을 수밖에 없다. 이렇게 관점을 바꾼 이후로 나는 동료의 성공을 진심으로 기뻐할 수 있었다.

일을 하다 보면 잘될 때도 있고 어려움이 닥칠 때도 있다. 내가 어려울 때 특히 '나를 위한 이사회'의 역할이 중요하다. 어떤 일이 원활하게 진행되지 않을 때, 나쁜 결과가 예상될 때는 나의 상황을 미리 알리고 이사회 멤버들과 공감대를 구축해야 한다.

'나를 위한 이사회'를 구축하는 것은 결국 좋은 영향력을 구축하고 발휘하는 행위인 셈이다. 영향력이란 후배와 동료, 상사에게 미치는 나의 힘이다. 그것을 통해 업무 목적을 달성하기도 하고 좋은 평가를 받기도 한다. 또 한편으로는 내가 누군가의 '이사회'에 들어가서 그들의 성공을 도울 수도 있다.

'나를 위한 이사회'가 제대로 작동하려면 진정성이 기반이 되어야 할 것이다. 상대를 진심으로 위하는 것, 개인적인 이해관계가 아니라 진짜 조직의 이익을 위할 때 '나를 위한 이사회'는 더욱 긍정적인 힘을 발휘할 것이다.

내가 아는 사람 vs 나를 아는 사람

누군가 사회생활을 잘한다는 평을 듣는다면 그는 아마도 일을 잘하거나 타인과 관계를 잘 맺는 사람일 것이다. 흔히 관계를 잘 맺는 사람을 '네트워크가 좋다'고 한다. 그런데 과연 네트워크란 무엇을 의미하는 것일까?

네트워크를 수학적으로 정의하면 점과 선으로 구성된 연결망이다. 이를 인간관계에 대입하면 개개인은 점에 해당하고, 사람들 간의 관계는 그 점들을 연결하는 링크라고 할 수 있다. 인간관계 네트워크를 통해 개인이 다른 사람들이 가지고 있는 자원을 동원할 수 있는 능력을 사회적 자본Social Capital이라고 한다. 미국의 전설적인 자동차 세일즈맨 조 지라드는 자신이 성공한 이유를 사회적 자본의 힘 덕분이라고 말했다. 이처럼 인적 네트워크는 오랫동안 성공의 중요한 자산으로 인식되어 왔다. 최근 직장인들이 링크드인 같은 서비스에 시간을 쏟고, 오프라인 소모임에 적극적인 것도 사회적 자본을 축적하기 위한 노력의 일환이다.

한편 인터넷이 탄생하기 수년 전, 당시에 하버드 대학교의 심리학과 교수였던 스탠리 밀그램은 소포 전달 실험을 통해 평균적으로 6단계만 거치면 세상 누구와도 연결될 수 있다는 것을 증명했다. 한마디로 세상이 좁다는 것을 실증한 셈이다. 스탠리 밀그램의 실험 이후 디지털 혁명이 시작되면서 노드(node, 연결 포인트)가 폭발적으로 증가했다. 심지어 페이스북은 6단계가 아니라 공통의 친구가 있는 사람들, 즉 2단계 떨어진 사람들을 친구로 추천한다. 누구와도 쉽게 연결될 수 있다 보니 나의 페이스북 친구들 중에는 최대 친구 수 5천 명을 넘어 더 이상 친구 신청을 받을 수 없는 사람들도 꽤 있다.

세상은 좁아지고 있으며 네트워크를 넓히기는 점점 더 쉬워 보인다. 그런데 사람들은 왜 네트워킹이 어렵다고 할까? 내가 활동하는 여성단체에서 중간 간부급 여성들에게 가장 부족한 역량이 무엇이냐고 물었더니 대부분 네트워킹을 꼽았다. 아마도 일과 가정을 양립해야 하는 상황에서 절대적인 시간이 부족한 것도 큰 이유를 차지할 것이다. 하지만 그보다 더 중요한 이유는 '네트워킹에 대한 오해'에 있다고 생각한다.

'네트워크가 좋다'는 것은 그저 아는 사람들이 많다는 뜻이 아니다. 얼마나 많은 사람을 아느냐는 중요하지 않다. 그보다 나에 대해 좋게 얘기해주는 사람이 얼마나 많은지가 더 중요하다. 스스로 '똑똑하고 유능합니다'라고 얘기하지 않아도 '그 사람은 참 똑똑하고 성실해요'라고 말해줄 사람, 기회가 있을 때 나를 떠올려줄 수 있는 사람들이 더 중요하다.

네트워크는 연결을 전제로 하기에 흔히 사람들은 누군가와 연결되었다는 사실만으로 네트워킹을 하고 있다고 착각한다. 가령 누군가와 연결되고 싶어서 모임에 빠지지 않고 참석한다면 네트워크가 좋은 것일까? 모임에 빠짐없이 참석하는 성실한 사람일 수는 있어도 그 자체로 네트워크가 좋다고 하기는 어렵다. 네트워킹을 한다고 여러 모임에 쫓아다니는 사람들이 있다. 그런데 내가 아는 사람의 숫자를 늘리기만 하는 것은 반쪽짜리 네트워킹에 지나지 않는다. 제한된 시간에 일과 가정에 충실하면서 그 많은 모임에 참석하기는 쉽지 않다. 육아나 종교 네트워크처럼 지극히 개인적인 필요에 의해 참가하는 모임도 있고, 직업적인 성공에 도움이 되는 모임도 있다. 목적에 따라 참여의 범위와 깊이가 달라질 수밖에 없다.

그러므로 한정된 시간에 효율적으로 네트워킹을 하려면 먼저 목적을 분명히 해야 한다.

우선 네트워크를 통해 내가 얻을 수 있는 것과 줄 수 있는 것이 무엇인지를 구분하는 것이 중요하다. 내가 어떻게 참여하느냐에 따라 네트워크에서 얻을 수 있는 자본의 양은 크게 달라진다. 내 장점과 가치를 최대한 발휘해보자. 사람들이 그 가치를 알아줄 때 나를 추천하고 기회도 나눠 줄 것이다. 사실 나는 건배 제의를 하든 카톡방의 분위기를 띄우든 소속된 네트워크에서 어떤 기여를 할 수 있을지 두루두루 살핀다.

좋은 네트워크를 만들기 위해 무엇보다 중요한 것은 먼저 내가 좋은 사람이 되는 것이다. 유유상종이라고 하지 않던가. 좋은 사람을 만나고 싶으면 나부터 좋은 사람이 되어야 한다. 다른 사람에게 무엇인가를 퍼주는 사람이 돼라는 말이 아니다. 내가 어떤 사람이 되어야 하는지에 대한 자기 성찰적 질문을 해야 한다는 뜻이다. 내 주변에 좋은 사람들이 없다는 생각이 든다면 내가 이해타산에 젖지 않았는지, 계산적인 만남에 물들지 않았는지 살펴보아야 할 것이다.

회사 밖에는 네트워크가 없어서 걱정이라는 후배들을 볼 때마다 나의 가장 든든한 네트워크는 일하면서 만난 사람들이라고 말한다. 그들만큼 나에게 도움이 되는 네트워크가 없다. 인맥을 만들려고 노력하면 '내가 아는 사람 100명'이 생기지만 열심히 일하고 실력을 증명하면 '나를 아는 사람 100명'이 생긴다. 직장 동료 또는 파트너사 사람들과 좋은 네트워크를 만들어간다고 생각하면 그저 월급날만을 기다리는 직장인에 머물지 않게 된다. 뿐만 아니라 그들을 만나는 하루하루가 모두 즐거울 수 있다.

물론 회사 밖에서 네트워크를 만들 수도 있다. 내 경우 동창이나 서로를 잘 아는 오래된 관계보다 오히려 우연히 만난 사람들에게 도움을 받은 경우도 적지 않았다. 혈연, 지연, 학연, 직연 등 나와 비슷한 속성을 가진 친밀한 사람들보다 약간 느슨하게 연결된 네트워크가 다양한 사람들을 연결해준다. 나와는 다른 생각과 경험을 가진 사람들이 나의 삶을 더욱 풍부하게 만들어준다.

지금 갖고 있는 네트워크를 유지하는 것도 중요하지만, 미래 지향적인 네트워크를 만드는 것도 필요하다. 40대 중반에 우연히 참여하게 된 WIN이라는 여성단체는 '여성 직장인이라는 정체성, 그리고 내가 사회로부터 받은 것을 돌려주고 싶다는 생각' 2가지를 공유하는 사람들의 모임이다. 10년 이상함께 활동하면서 나와는 다른 배경과 경험을 가진 선한 사람들을 많이 만났다. 인생 후반에는 그들과의 네트워크가 내 삶의 중심이 될지도 모른다.

　나에게 네트워킹이란 '새로운 시도를 하면서 내 삶의 가치를 높이는 데 도움이 되는 사람들을 만나고, 그들로부터 배우고, 그들에게 도움이 되기 위해 노력하는 것, 그리고 그 과정에서 그들을 사랑하는 것'이다. 내가 아는 사람은 많은데 나를 아는 사람은 적다고 느껴진다면 진정한 네트워킹이 무엇인지 스스로에게 묻고, 새로운 연결 방식을 고민해보라.

고객의 불만에 주파수를 맞추다

　고객의 불만을 경청하기란 결코 쉬운 일이 아니다. 고객을 응대해본 사람이라면 어떤 고충인지 알 것이다. 나도 크게 다르지 않았다. 내가 일한 글로벌 회사에서도 제품이나 서비스에 불만을 토로하는 고객들이 많았다. 불만을 넘어서 버럭 화를 내는 고객들도 있었다. 이러저러한 사정으로 인해 지금 당장은 울며 겨자 먹기로 우리 제품과 서비스를 쓰고 있지만 대체할 만한 회사가 나타나면 당장 갈아탈 기세였다. 강력한 경쟁사들과 각축을 벌이고 있는 나로서는 이러한 고객을 마주할 때면 모골이 송연할 따름이었다.

　그러다 보면 이런 질문이 뇌리를 떠나지 않았다.

"우리 회사 제품이나 서비스에 큰 불만을 가진 고객을 어떻게 대할 것인가?" "그러한 고객을 응대할 때는 어떤 대화부터 시작할 것인가?"

나는 그에 대한 답을 앨 고어 미국 전 부통령의 연설문 작성자였던 다니엘 핑크에게서 찾았다. 《파는 것이 인간이다To Sell Is Human》에서 그는 '사람의 마음을 움직이려면 3가지가 필요하다'고 역설한다. 그중 첫 번째가 동조attunement이다. 타인의 감정, 견해, 욕구와 주파수를 맞추는 능력이다. 주위의 소음에 신경을 끄고, 그 사람의 생각과 마음 상태를 읽어나가는 능력 말이다. 실제로 이 능력은 내가 마주하는 현장에서 매우 필요한 자질이다.

불만을 가진 고객들 중에 특히 마이크로소프트에서 일하며 만난 패션플러스의 채영희 대표가 생각난다. 패션플러스는 온라인 패션몰을 운영하는 회사인데, 그녀가 대표로 부임하고 보니 마이크로소프트에 상당한 금액의 라이선스 비용을 지급하고 있더라는 것이었다. 그런데도 시시때때로 불법 사용 단속을 당해 과태료까지 부과되고 있었다. 서비스 이용자 입장에서는 라이선스 비용이 적절한지 파악하고 사용 정책에 대한 구체적인 설명도 듣고 싶었을 것이다. 하지만 문제는 마이크로소프트 영업사원의 얼굴을 보기가 하늘의 별 따기라는 것이었다.

IT에 대해서는 문외한이었던 채영희 대표는 파트너사를 통해 전달되는 얘기가 진실인지 아닌지 알 길이 없었기에 마이크로소프트의 라이선스 정책을 직접 확인하기 위해 웹사이트를 뒤지기 시작했다. 그러다 불만만 더욱 높아져 회사에서 운영하던 쇼핑몰을 다른 회사의 플랫폼으로 바꾸기로 마음먹었다고 했다. 내가 채영희 대표를 만났을 때는 그녀의 분노 게이지가 극에 달한 시점이었다.

당시 사업부를 책임지고 있던 나를 만나자마자 그녀는 옳다구나 하고 자신의 불만을 마구 쏟아냈다. 나는 죄인처럼 그녀의 이야기를 그저 경청할 수밖에 없었다. 적정한 라이선스를 확보하고 있는지 확인하기 위해 수십 페이지에 달하는 영문 라이선스 설명서를 밑줄 그어가며 읽은 이야기, 다른 회사 플랫폼으로 옮겨 가기 위해 담당자들을 앉혀놓고 설명을 들으며 공부한 이야기, 당장이라도 마이크로소프트의 플랫폼을 버리고 싶지만 그 기술에 특화된 담당자들의 역량을 단시간에 바꿀 수 없는 중소기업으로서의 어려움 등. 이런저런 얘기를 나누다 보니 패션 유통업계의 생생한 이야기까지 이어졌다.

패션플러스는 최근 모바일을 기반으로 패션 유통을 시작

해 무서운 기세로 따라오고 있는 신생 업체들과의 경쟁에서 어떻게 살아남을지, 쿠팡이나 롯데몰 등 거대 쇼핑몰과의 협력을 어떻게 효과적으로 이끌어낼지 비즈니스적인 고민을 하고 있었다. 솔루션 영업을 담당하는 나와 서비스의 최종 사용자인 그녀는 허심탄회하게 이야기를 나눴다. 그녀는 회사가 직면하고 있는 문제에 대응하고 최선의 솔루션을 찾기 위해서는 쇼핑몰 서비스를 클라우드로 옮겨야 한다는 결론에 이르렀다.

미팅을 시작할 때만 해도 그녀는 마이크로소프트의 플랫폼을 떠나기로 마음먹은 상태였다. 그런데 내가 그녀의 불만에 동조하며 경청하다 보니 플랫폼을 바꾸는 것보다 더 큰 주제인 '비즈니스 과제'에 대한 이야기를 꺼내기 시작했다. 불평과 넋두리가 섞인 이야기를 나누면서 그녀는 상황을 보다 객관적으로 바라보게 되었다. 결국은 마이크로소프트의 클라우드 플랫폼으로 쇼핑몰 서비스 전체를 옮긴다는 결론에 도달했다.

고객의 이야기를 적극적으로 경청하는 것은 나의 장기이기도 하지만 사실 비즈니스의 기본이다. 고객 중심의 원칙은 고객의 목소리를 듣는 것에서 출발한다. 더구나 고객이 불만을 토로하기 시작한다면 오히려 고객의 솔직한 목소리를 들을 수 있으니 '고객 중심의 원칙'을 세울 수 있는 기회가 되는 것이다.

3년여가 흐른 지금 패션플러스는 모든 서비스를 마이크로소프트의 클라우드 플랫폼으로 옮겼고, 그 덕분에 빠르게 비즈니스 혁신을 이룰 수 있었다. 당연히 사업 규모도 커졌고, 모바일에서 비즈니스를 시작한 신생 회사들보다 높은 경쟁력으로 사업을 확장해나가고 있다. 그녀의 불만이 고객 만족으로 바뀐 것은 더 말할 필요 없다.

흔히 '세일즈'라고 하면 '판매한다'는 동사에 방점을 둔다. 물론 세일즈 활동의 최종 목표는 판매이다. 하지만 세일즈 활동의 출발점은 고객의 이야기를 '경청'하는 것이다. 고객의 상황과 불만에 동조하고 경청하는 것이 언뜻 수동적으로 비칠 수 있지만, 사실은 매우 적극적인 행위다.

고객이 불만을 이야기하면 귀를 열고 주파수를 세심하게 맞춰나가면서 적극적으로 경청하며 동조하자. 고객의 불만에서 비즈니스가 시작된다는 것을 늘 기억하면서 말이다.

장기적인 파트너십을 위한 '윈-윈' 프레임

매사를 바라보는 관점이나 인식의 틀을 심리학에서는 프레임이라고 정의한다. 그동안 우리는 비즈니스를 여러 가지 프레임으로 해석하고 접근해왔다. 그중 하나가 비즈니스를 떡이라는 먹거리로 보는 프레임이다.

이 프레임으로 보면 비즈니스에서 윈-윈은 떡을 공평히 나눠 먹는 것이라고 할 수 있다. 진짜 떡이라면 한 사람에게는 떡을 자를 기회를 주고 다른 사람에게는 자른 떡 중 하나를 먼저 선택할 권리를 주는 것이 공평하다. 하지만 갑과 을의 관계, 즉 물건이나 서비스를 사고파는 상황에는 적용하기 어렵다.

영업조직에서 일하다 보면 메일이나 게시판을 통해 '수주 소식'을 자주 접한다. 매출 규모가 크든 작든 의미 있는 거래를 수주하면 해당 팀은 유관 부서에 '수주 소식'을 전한다. 거래 내용과 진행 과정을 공유함으로써 성공 경험이 조직 전체에 배움을 제공하고 수주에 기여한 사람들에 대한 감사의 마음을 전할 수 있다.

나 역시 '수주 소식'을 정리해 메일을 보내기도 하고 다른 사람들의 수주 소식을 수없이 접하기도 했다. 그런데 언젠가부터 '수주만 하면 잘한 것으로 평가받아야 하는가' 하는 의문을 갖게 되었다. 수주 소식을 전하는 메일 내용은 대체로 아름답게 쓰여 있다. 하지만 실상을 들여다보면 고객과 우리 중 어느 한쪽이 손해를 보는 경우가 많았기 때문이다.

수주전에 임하다 보면 때로는 경쟁사가 터무니없는 프로젝트 기간과 금액을 제안하기도 하고, 어떤 때는 영리한 고객이 우리와 경쟁사를 가격 경쟁으로 몰아가기도 한다. 그런 상황에서 지나치게 낮은 금액으로 수주하면 결과적으로 회사에 손해이거나 고객이 원하는 결과물을 제공하지 못하는 경우도 왕왕 생긴다. 반대로 우리가 고객에게 필요하지 않은 고사양의 제품을 판매하거나 고객이 추가로 부담해야 할 유지 보수 비용 등을 누락하는 경우도 적지 않다. 두 경우 모두 양사의 관계에 금이 가는 결과를 낳는다. 화가 난 고객이 우리 회사와 거래를 끊고 경쟁사와 거래하는 경우도 있다.

장기적인 관점에서 볼 때 모든 거래가 반드시 좋은 결과로 이어지지는 않는다는 것을 수차례 확인하면서 우리 회사와 고객 모두 윈-윈을 할 수 있는 목표를 추구해야 한다는 생각이 들었다. 그렇다면 고객과의 비즈니스 관계에서 윈-윈의 결과를 어떻게 만들어낼 수 있을까? 거래를 성사하기 위해 노력하던 어느 날 구약성경에 나오는 유명한 솔로몬 왕의 판결이 떠올랐다.

솔로몬 왕이 서로 자신의 아기라고 주장하는 여인들 중 누가 진짜 엄마인지 가려내는 이야기다. 솔로몬 왕은 아기를 칼로 잘라서 두 여인에게 나눠 주라고 판결한다. 그러자 한 여인이 아기를 죽이느니 차라리 아기를 내주겠다며 절규한다. 솔로몬 왕은 그녀가 아기의 진짜 엄마라는 것을 밝혀내고 아기를 돌려준다.

비즈니스를 단순히 매출이나 손익의 관점이 아니라 '고객의 과제와 고민거리는 무엇인가, 그것을 어떻게 해결할 수 있는가' 하는 관점으로 바라보자. 세일즈의 역할은 고객의 손에 든 떡, 즉 예산을 내 손으로 옮겨 오는 것이 아니라 고객의 니즈를 해결하는 데 예산이 가장 적절히 집행되도록 하는 것이다. 프로젝트를 두고 타사와 경쟁하는 상황에서도 고객의 성공을 위한 행동을 취할 수 있다. 그 프로젝트를 내 아기처럼 아끼고 정성을 다해 고객으로부터 내가 진짜 엄마라는 판결을 받는 것이다. 우리 제품이 완벽하다고 침을 튀기며 선전하는 것이 아니라 이러저러한 점은 미흡하지만 고객의 필요는 충족할 수 있으니 가격 경쟁력이 있는 우리 제품을 권한다고 그들의 눈높이에서 설명할 수 있어야 한다. 반대의 경우로 가격만을 고려해서 의사 결정을 하면 사후에 이러이러한 문제가 생길 수 있으니 가격이 높더라도 우리 제품을 선택해야 한다고 당당하게 설명할 수 있어야 한다.

제품이나 서비스는 각기 장단점이 있고 어떤 점을 더 중요하게 고려할 것인가는 결국 고객이 결정할 몫이다. 영업의 역할은 여러 가지 측면에서 분석해보고 내부 프로세스를 원활히 진행할 수 있도록 도와주는 것이다. 이것이 고객의 성공을 돕는 적극적인 영업활동이다. 기업이든 소비자이든 오늘날의 고객들은 솔로몬 왕처럼 지혜롭다는 점을 기억하자.

영업활동을 고객의 니즈를 파악하고 고민을 해결하기 위해 함께 노력하는 과정으로 만들 수 있다면 거래 당사자들 모두 만족하는 윈-윈을 이끌 수 있다. 우리는 정당한 대가를 지불받고, 만족한 고객은 우리를 파트너로 여김으로써 다른 곳에 추천해주는 관계로 발전한다. 그야말로 장기적인 성공을 위한 파트너가 되는 것이다.

생존을 넘어 공존으로

이 책을 쓰는 동안 코로나19가 걷잡을 수 없는 사태로 번졌다. 세상이 코로나19 이전과는 많이 달라질 거라는 전망이 쏟아지는 가운데 생태계와 관련한 평소 나의 생각을 되새김질해본다. 코로나19로 타격을 입는 기업이 생기면 그와 연관된 다른 기업들과 개인들도 함께 휘청거린다. 우리의 고객사가 휘청거리면 우리 회사도 생존의 위협을 받게 된다. 코로나19로 인해 우리는 세상이 촘촘하게 연결된 거대한 생태계라는 것을 좀 더 명확히 이해하게 되었다. 여러 주체들이 연결된 세상에서 각자의 역할을 다하지 않으면 모두가 큰 위험에 빠질 수 있음을 깨달은 것이다.

비즈니스 세계도 마찬가지다. 여러 회사들이 서로 연결되어 사업을 전개하기 때문에 밸류 체인을 기반으로 한 일종의 생태계가 형성된다. 비즈니스 주체들이 긴밀한 관계를 맺으며 서로 발전해나가는 것이다. 이러한 비즈니스 생태계에 과거보다 더 낯설고 급격한 변화가 일어나고 있다.

지금까지 우리나라 비즈니스 생태계가 대기업 중심의 수직 계열화 형태였다면 앞으로는 모바일, 클라우드 등 새로운 기술 트렌드를 바탕으로 이전과는 확연히 다른 양상을 보일 것이다. 기술과 창의력을 중심으로 여러 기업들의 협력과 연합을 요구하기 때문이다.

새로운 생태계 안에서 기업들은 일방적인 흐름이 아니라 양방향으로 가치를 주고받으며 상생 관계를 이루어간다. 특정 비즈니스 생태계가 지속 가능한 성장과 성공을 이루며 생존하기 위해서는 참여하는 주체들 모두 각자의 위치에서 생태계에 어떻게 기여할 수 있을지 고민해야 한다. 공유 경제와 플랫폼 사업이 늘어날수록 이러한 관점은 비즈니스의 기본 프레임으로 자리 잡을 것이다.

2016년 마이크로소프트에 입사해 파트너 사업부를 맡았을 때 나에게 주어진 가장 중요한 미션은 클라우드 비즈니스를 함께 성장시킬 파트너 생태계를 만드는 것이었다. 오랫동안 IT 업체들의 파트너 생태계는 '유통구조'에 최적화되어 있었다. 경쟁 우위가 있거나 독점적 지위를 가지는 솔루션을 최대한 많은 고객에게 효과적으로 전달할 수 있는 수직계열화 중심이었던 것이다. 한마디로 기존의 생태계는 클라우드 시대가 요구하는 수평적 협력과 상생, 고객 중심Customer Obsession 과는 상당 부분 거리가 있었다.

과거 솔루션 유통의 시대에는 공급사vendor, 총판distributor, 리셀러reseller 간에 정해진 역할과 비즈니스 룰이 있었다. 클라우드 시대에도 물론 이러한 전통적인 틀이 완전히 사라지지는 않을 것이다. 하지만 파트너는 공급자가 제공하는 제품에 마진을 붙여 고객에게 전달하는 역할을 넘어서야 한다.

클라우드 시대에 고객들이 함께 일하고 싶어 하는 파트너는 마이크로소프트의 클라우드 플랫폼 위에 자신들의 서비스를 구축해나가는 기업이다. 집짓기에 비유하면 기존의 건축자재만을 납품하는 회사가 아니라 구름(클라우드) 위에 함께 집을 지을 수 있는 파트너들을 원하는 것이다. 파트너들은 고객의 비즈니스를 더 잘 이해할 뿐만 아니라 마이크로소프트의 클라우드에 대해 이전과는 다른 차원의 기술적 이해도를 갖춰야 한다. 새로운 생태계는 건축 재료의 특성과 고객이 어떤 집을 원하는지를 이해하고 보다 근본적인 도움을 줄 수 있는 파트너들을 필요로 한다.

그러나 새로운 생태계를 만들어내는 것, 더구나 생태계의 구성원들이 기존의 익숙한 방식을 버리고 새로운 방식으로 비즈니스를 하기란 결코 쉬운 일이 아니다. 여러 이해 주체들이 먹고사는 문제를 해결하면서 새로운 생태계를 위해 투자하고 변화하는 것은 단순히 태도나 의지의 문제만이 아니기 때문이다.

나는 현재의 생태계로는 더 이상 변화하는 비즈니스를 담아낼 수 없다는 것에 대해 조직 내의 이해관계자들과 공감대를 형성하며 3가지 원칙을 세웠다. 첫째, 변화에 동참하는 파트너들과 함께 간다. 둘째, 클라우드 시대에 맞는 창조적인 파트너 관계를 만든다. 즉, 파트너는 제품 딜러 역할을 넘어 고객이 필요로 하는 클라우드 서비스를 제공할 수 있어야 한다. 셋째, 고객의 디지털 혁신Digital Transformation을 선도하려면 각 산업을 이해하고 고객들의 혁신을 도와줄 파트너가 필요하다. 그러므로 생태계에는 클라우드 기술과 산업이 결합된 융합형 파트너들이 늘어나야 한다.

3가지 목표를 설정하고 파트너사의 사장들을 만나 변화에 대한 각자의 포지션과 의지를 최대한 객관적 시각에서 파악했다. 그리고 기존 파트너들 외에 클라우드 생태계에 필요한 회사들을 만나 동참하도록 설득했다. 이것은 파트너들에게 비즈니스 모델의 변화와 이를 위한 투자를 요구하는 것이기도 했다.

물론 어려움이 많았다. 새로운 파트너가 영입되어 기존 생태계에 적지 않은 변화가 일어나면서 여러 주체들의 이해관계를 조율해야 했다. 그 과정에서 파트너 생태계 내의 여러 주체들이 서로 긴밀하게 엮여 있다는 것, 우리의 비즈니스 생태계가 건강해야 그 안에 있는 개별 주체들이 성공할 수 있다는 것을 체감했다. 생태계 안에서는 이기적 이타주의가 가장 효율적인 생존 전략으로 지속 가능한 성장을 이룰 수 있음을 깨달은 것이다.

우리의 비즈니스 생태계에 충분한 변화가 이루어졌다고 자신할 수는 없다. 그러나 지난 4년여 동안 생태계 참여자 모두의 노력으로 신발 끈을 묶는 정도의 준비는 되었다고 생각한다. 앞으로 커지는 클라우드 시장에 발맞춰 한국마이크로소프트의 생태계가 발전하고 참여자들이 충분한 기회를 얻을 수 있기를 기대한다.

새로운 기술 트렌드의 성장에 따른 일련의 비즈니스 생태계 변화는 비단 마이크로소프트만의 상황은 아닐 것이다. '나' 혹은 '우리 조직'만을 놓고 바라보는 좁은 시야로는 앞으로의 비즈니스 생태계에서 살아남기 어렵다. 우리 회사가 존재하고 있는 생태계 안에 어떤 비즈니스 주체들이 있는지, 각자의 이익을 추구하면서 서로 공존할 수 있는 방안을 끊임없이 찾아야 한다. 함께 구축하는 생태계가 나와 우리의 지속 가능한 성공을 담보해줄 것이다.

회사 밖에서 딴짓하기

    다양한 조직의 여성 임원들이 모여 여성 리더를 키우는 모임이 있다. WIN Women In INnovation은 2007년에 설립되어 차세대 여성 리더 양성을 위해 체계적으로 힘을 모으고 변화를 만들어내는 활동을 한다.

    10여 년 전 지인이 WIN을 소개하며 가입을 권했을 때 나는 꽤나 망설였다. 회사 일에 엄마로서 아이들 교육까지 신경써야 하는 내 어깨에 더 이상의 짐을 지우는 것은 상상할 수 없었다. 당시 나는 회사의 매출을 책임지는 자리에 있었고, 집에는 중학생과 고등학생 아들 둘이 있었다. 남을 위한 봉사 활동을 하기는커녕 오히려 내가 봉사를 받아야 할 지경이라고 손사래를 쳤다. 그러나 지인은 1년에 두어 번 한나절 정도 멘토링을 해주는 것으로 충분하니 일단 시작해보라고 권했다. 보람 있을 거라는 집요한 설득과 권유를 뿌리칠 수 없어 못 이기는 척 가입했다. 그렇게 WIN에 발을 들여놓은 지 벌써 10년이 되었다.

나의 실리와 무관한 사람들에게 관심을 갖는다는 것은 결코 쉬운 일이 아니다. 특히 사회생활을 하고 있다면 더욱 그럴 것이다. 회사에서 자리를 지키는 것만으로도 힘들고, 더구나 아이가 있다면 엄마 아빠 역할도 소홀히 할 수 없으니 모두 울고 싶은 심정으로 하루하루를 살아가고 있는지도 모른다. 그런데 신기하게도 평소에 늘 만나는 사람들이 아닌 사람들, 더구나 나와 비슷한 어려움을 가지고 있는 사람들과 함께하다 보면 그들 속에서 나를 발견하게 된다. 타인과 대화를 나누며 '내가 힘들어하는구나' 하고 자연스럽게 자기 객관화와 자기 성찰이 이루어지는 것이다. 내가 나를 공감하기는 어려워도 나와 비슷한 처지의 상대방을 공감하기는 그리 어렵지 않다. 나는 이들과 함께하면서 회사생활과 가정에서의 고달픔과 중압감을 내려놓을 수 있었다.

WIN에서 IT 업계뿐만 아니라 다양한 분야에서 일하는 사람들을 만났다. 그들과 함께 멘토링과 리더십 프로그램들을 만들고 실행하면서 인식의 지평을 넓히고 리더십 역량도 높일 수 있었다. 그동안 멘티들을 위해 갈등 관리, 커뮤니케이션, 영향력 등의 주제로 프로그램을 만들었지만, 그 과정에서 우리도 리더십을 발전시킬 수 있었다. 나와는 다른 경험과 지혜를 가진 좋은 사람들과 교류하면서 혼자 열심히 하는 것만으로는 얻을 수 없는 값진 것들을 많이 얻었다. 그리고 여기에서 알게 된 사람들은 내가 하는 일을 늘 응원해주는 든든한 지원자들이 되었다.

최근에 나는 함께 활동한 WIN 멤버들 중 퇴직 후 세컨드라이프를 시작한 분들을 만났다. 그들은 퇴직 후 경험했던 일과 감정들을 솔직하게 들려주었다. 더러는 시너지를 낼 수 있을 것 같다며 본인이 하고 있는 일을 함께하자고 제안하기도 했다. 이때 내가 하던 일과 WIN에서의 활동, 거기서 맺은 네트워크가 결합되는 곳에서 나의 세컨드 라이프를 시작할 수도 있겠다는 깨달음을 얻었다. 내가 회사 일에만 몰입해 모든 에너지를 소진하고 주말에는 귀차니즘으로 뒹굴거리거나 혼자만의 힐링 시간을 보냈다면 지금처럼 리더십 역량을 쌓기도 어려웠을 것이다. 더구나 다양한 네트워크를 통한 보다 풍부한 삶은 꿈꾸지도 못했을 것이다.

세컨드 라이프를 준비하는 일이 옵션이 아니라 필수인 세상이 되었다. 자신이 쌓은 커리어와 직접적으로 관련된 분야에서 세컨드 라이프를 찾으면 좋겠지만 직장인들에게 그런 행운이 쉽게 찾아오지 않는다. 정유회사에서 퇴직하면 주유소를 창업하고, 통신사에서 퇴직하면 이동통신 대리점을 하던 시대가 있었다. 하지만 이제는 아득한 옛이야기가 되었다. 앞으로 세상은 더 빠르게 변할 것이다. 변화에 적응하고 세컨드 라이프를 준비하려면 회사에 있는 동안 회사 일 외에 다른 뭔가를 시도해야 한다.

'좋은 성격'이라는 강점만 믿고 IT 업계에서 영업직으로 커리어를 시작한 후배가 있었다. 일이 적성에 맞지 않는 건지 회사가 싫은 건지 금요일 아침 회의를 마치고 나면 그는 회사에서 조용히 사라졌다. 시간이 갈수록 그의 영업 실적은 나빠졌고, 결국 그는 회사를 떠났다. 부양할 가족이 있었던 그는 모두의 걱정을 한몸에 받으며 퇴사했다.

몇 년 후 그의 소식이 들려왔다. 퇴사 후 그는 낚시용품 회사에 영업직으로 들어가 6개월 만에 전체 영업사원들 중 1등을 했다고 한다. 그리고 얼마 후에 독립해서 자기 사업을 시작했다는 소식이 들리더니 급기야 몇 년 후에는 중국에 낚시용품 제조 공장까지 둔 사업체의 CEO가 되었다는 것이다. 나중에 알게 된 사실이지만 매주 금요일 사무실에서 사라진

그가 향했던 곳은 다름 아닌 낚시터였다. 생각해보면 그는 일과 취미를 분리해서 적성에 맞지 않은 일에서 오는 스트레스도 풀고 세컨드 커리어도 준비한 셈이다.

백세 시대, 이제는 첫 번째 커리어만으로는 경제적인 걱정 없이 살기 힘들다. 설령 경제적으로 자유롭다 하더라도 하는 일 없이 50년을 보낸다는 것은 너무나 힘든 일이다. 게다가 퇴직 후 세상과 단절된 상태에서 내가 좋아하고 의미 있는 일을 찾기는 더욱 쉽지 않다.

일하는 동안 일 이외의 것을 시도할 필요가 있다. 봉사활동이든 취미 생활이든 나와 다른 경험을 해온 사람들을 만나는 것이 좋다. 단순히 즐기는 것이든 자기 계발이든 회사 일 말고 다른 무언가를 하면 회사 일로 쌓인 스트레스를 해소할 수 있다. 그리고 다른 인적 네트워크를 통해 새로운 삶을 시작하는 발판을 마련하기도 한다. 현재의 일을 계속 하면서 기회를 탐색하는 것이다.

그런 이유로 나도 회사 밖에서 또 하나의 딴짓을 시작했다. 지난 5월 링크드인으로 만난 밀레니얼 친구들, WIN 활동을 함께해 온 조선경 대표와 '어른친구'라는 유튜브 채널을 개설한 것이다. 대단한 성공을 거두지 못하더라도 지금까지와는 전혀 다른 경험이 될 것이다. 그 일을 통해 나는 또다시 성장하고 내 삶은 훨씬 풍부해질 것이다. 회사 안에서 정체감을 느끼고 있다면 회사 밖에서 활력을 만들어보라. '회사 밖 딴 짓'은 회사 생활에도 새로운 에너지를 불어넣어 줄 것이다.

30년 하프타임 경력 기술서

"나라면 프랜시스를 뽑을 겁니다."

권위를 자랑하는 비즈니스 잡지 〈비즈니스 위크〉가 제너럴
모터스GM의 차기 CEO를 지목해달라고 하자 당대 최고의 석
학이자 경영학의 구루로 불리던 피터 드러커가 주저하지 않
고 추천한 사람이 바로 프랜시스 헤셀바인이다. 1990년 제너
럴모터스의 CEO가 물러나고 과연 누가 후임 CEO에 오를 것
인가에 세간의 관심이 집중되던 때였다. 피터 드러커가 당대
최고의 리더로 인정한 프랜시스 헤셀바인은 과연 어떤 사람
일까?

그녀의 이름을 간단히 구글링만 해봐도 끝도 없이 이어지

는 찬사와 수식어를 발견할 수 있다. 평범한 가정주부로 대학을 나오지 않았지만 23개의 명예박사 학위를 가졌고, 50세가 넘어서야 정식 커리어를 시작했지만 여성에 대한 유리 천장이 강하던 1970~1980년대에 오랜 기간 동안 미국 걸스카우트 연맹의 CEO로 활약했다. 게다가 100세가 넘은 지금도 기업의 수많은 리더들이 프랜시스 헤셀바인의 조언을 듣기 위해 그의 사무실을 찾는다. 더욱 놀라운 사실은 피터 드러커가 프랜시스를 CEO로 추천했을 때 그녀의 나이가 75세였다는 것이다.

2019년 7월 새 회계 연도가 시작되면서 나는 기업고객사업부를 맡게 되었다. 2016년 마이크로소프트에 입사하면서 맡았던 파트너 사업부를 잘 이끌어왔기에 회사는 당연히 나에게 성장의 기회를 주는 것이라고 생각했을 것이다. "우 부사장이 지금까지 잘해왔으니 회사에서 새로운 기회를 주는 겁니다." 기업고객사업부장 자리를 제안하면서 사장님이 하신 말씀이다.

그렇게 회사의 제안을 수락하고 기업고객사업부를 이끌기로 했다. 사람들을 만나고 데이터를 분석하며 새로 맡게 된 부서의 조직과 비즈니스를 익혀나가고 있을 즈음 갑자기 회의가 들었다. 과연 지금 하는 일은 어떤 의미가 있을까? 3년 정도 열심히 일하면 현재 조직이 갖고 있는 문제도 해결되고 비즈니스도 커질 것이다. IT 업계에서의 다섯 번째 직장, 30년의 직장 생활에 다시 3년의 경력을 보태고 나면 안락한 은퇴를 준비할 수도 있으리라. 그리고 남은 인생을 무난히 살아가는 것이다. 그러나 과연 그러한 것들이 나에게 어떤 의미가 있단 말인가?

마치 관성항법으로 정해진 궤도를 비행하는 인공위성처럼 주어진 일과 일상을 공전하고 있을 즈음 친한 후배로부터 연락이 왔다. 본인이 근무하는 회사의 지사장 자리가 비어 사람을 찾고 있는데 나를 추천하고 싶다는 것이었다. 이름만 대면 누구나 알 만큼 널리 알려진 글로벌 기업으로 탄탄하고 안정적인 데다 빠르게 성장하고 있는 회사였다. 워낙 평판이 좋은 기업이기에 적지 않은 준비와 수고가 따르겠지만 충분히 지원해볼 만한 가치가 있었다.

인터뷰를 준비하면서 나는 리더십 관점에서 지난 커리어를 돌아보았다. 틀에 박히지 않은 방법으로 조그만 기회를 큰 사업 기회로 만들어낸 경험, 가능성을 믿고 인재를 키워낸 경험, 어려운 상황에서 고객 만족을 이끌어낸 경험, 촉박한 시간에도 옳은 결정을 하기 위해 노력한 경험 등 지난 30년의 커리어에서 마주했던 상황들을 기억으로부터 소환해내고 정리했다.

총 일곱 번의 인터뷰 과정은 그동안 제대로 돌아보지 못했던 나의 하프타임 경력기술서를 작성해보는 계기가 되었다. 회사 측에서도 나에 대한 평가가 그다지 나쁘지 않은 것처럼 보였지만, 결국 나는 지원했던 자리에 가지 못했다. 그만큼 공들여 인터뷰를 하고 떨어지면 실망이 클 법한데 이상하게도 전혀 기분 나쁘지 않았다. 오히려 후련하고 뿌듯한 마음마저 들었다.

인터뷰를 준비하면서 나 자신을 깊이 대면하고 더 이해할 수 있었다. 나는 막연히 스스로를 욕심 많고 남들한테 지기 싫어하는 성격으로 일을 위해 개인적인 삶을 희생하며 살아온 사람이라고 생각했다. 그런데 돌아보니 30년이라는 짧지 않은 기간 동안 나는 용기 있게 많은 것을 시도했고 그 과정에서 다양한 것을 배우며 성장해왔다. 그리고 나는 여전히 새로운 경험과 도전에 목말라하고 있다는 것을 깨달았다.

나는 공전 궤도를 벗어나 새로운 항해를 시작할 추진력을 얻은 것 같았다. 남들이 은퇴할 나이가 되어서야 정식 커리어를 밟기 시작한 프랜시스 헤셀바인보다 30년이나 먼저 커리어를 시작했고, 지금 내 나이는 그녀가 정식으로 커리어를 시작할 때 즈음이 아닌가.

50세가 넘어서야 인생에서 정식 커리어를 밟기 시작했으나 75세의 나이에 피터 드러커가 GM의 CEO로 추천할 만큼 탁월한 리더십의 경지에 도달한 프랜시스 헤셀바인은 이렇게 말했다.

"나는 준비되어 있다는 생각을 해본 적이 없어요. 리더가 되겠다는 생각도 없었고요. 나는 그저 그때그때 필요한 것을 해나가면서 배웠습니다."

그녀가 일을 대하는 방식은 내가 지난 30년간 일해온 방식과 닮아 있다는 생각이 든다. 그녀는 계획하지 않았지만 그때그때 필요한 것들을 직접 실행해나가면서 배웠다. "집에 뭔가 들고 가려면 바구니를 들고 나와야죠." 새로운 경험에서 뭔가를 얻으려면 마음을 활짝 열고 있으라는 그녀의 말이 내 마음을 설레게 하고 가슴을 부풀게 한다.

"계획은 무엇인가, 앞으로 무엇을 어떻게 할 것인가?"(《피터 드러커의 최고의 질문 : 세계 최고 리더들의 인생을 바꾼》, 프랜시스 헤셀바인 외 지음, 다산북스, 2017.)

사실 아직 잘 모르겠다. 앞으로 내 삶에서 일을 어떻게 써나갈지를. 다만 프랜시스 헤셀바인처럼 마음을 활짝 열고 새로운 경험을 해나갈 것이다. 그런 태도와 시선으로 104세의 프랜시스 헤셀바인도 현업에서 자신의 일을 쓰고 있지 않은가? 나도 그렇게 내 일을 써나가고 싶다. 누가 알겠는가? 한 20년쯤 뒤에 어느 경륜 높은 사람이 "나라면 우미영 씨를 뽑을 겁니다"라고 추천해줄지.

너무 가까이 있었던 최고의 멘토

1977년 경상북도 봉화군 상운면 가곡리. 대구로 가는 버스가 하루 두 번 우리 마을을 지나가는데, 꼬박 3시간을 달려야 대구 북부터미널에 도착할 만큼 시골 마을이었다.

우리 집은 총 다섯 식구였다. 멀리 대구로 유학을 간 여섯 살 많은 오빠, 국민학교 4학년인 나, 네 살 어린 여동생, 지방에서 말단 공무원을 하다가 일찌감치 은퇴한 아버지, 그리고 가족을 부양하기 위해 생활 전선에서 고군분투하는 어머니.

아버지는 쉰 살이 되기도 전에 스스로를 노인으로 규정하고 다니던 면사무소에서 퇴직하는 것과 더불어 모든 노동으로부터 은퇴했기에 가족을 먹여 살리는 것은 오로지 어머니였다. 혼자 가족의 생계를 꾸려오던 어머니는 조그만 농사와

갖은 품앗이로는 근근이 먹고살기는 해도 자식 셋을 공부시키기는 어렵겠다는 생각을 하고 있었다.

그때 마침 학교 가는 길에 천연벽지 공장이 생겼다. 난생처음 보는 커다란 회색 벽돌 건물이 뭐 하는 곳인지 동네 꼬마들은 무척 궁금했다. 나중에 어른들 말을 들어보니 그곳은 칡실로 베를 짜서 종이에 붙이고 염색해 벽지를 만드는 공장이라고 했다. 이렇게 만든 벽지는 서양 사람들이 아주 좋아해서 유럽으로 전량 수출되었다.

칡을 가공해서 천연벽지를 만드는 공장은 호랑이가 나온다는 봉화의 산골 마을에 안성맞춤이었다. 추수가 끝나면 군불을 때고 방방이 모여 놀던 시골 아낙들은 벽지 공장이 생기고 나서부터 칡으로 실 엮는 일을 하게 되었다. 이 일은 농한기의 소일거리가 되었을 뿐만 아니라 덕분에 아낙들은 쌈짓돈도 벌 수 있었다. 칡 껍질을 얇게 찢어 잇는 것이 엄청 지루한 작업이지만 아낙네들은 때론 수다를 떨며 때론 누가 더빨리 하는지 경쟁하면서 새로 생긴 일거리에 몰두했다.

"김씨네가 돈을 그리 많이 번다더라."

그날의 수다 주제는 공장에서 칡을 받아다 아낙들에게 나눠 주고 완성된 실 꾸러미를 납품하는 김 사장이 돈을 많이 번다는 이야기였다. 다른 아낙네들은 금세 다른 이야깃거리로 수다를 이어갔지만, 어머니 머릿속에는 이 말이 계속 맴돌았던가 보다. 며칠 고민하던 어머니는 나를 불러서 우리도 소일거리를 할 게 아니라 김씨네처럼 칡 껍질을 받아서 나눠 주고 다시 거둬 납품하는 사업을 하자고 했다.

그런데 어머니가 그 사업을 해봐야겠다고 마음먹었을 때는 이미 공장이 들어온 지 이삼 년이 지난 뒤여서 아랫마을 김씨네가 납품을 독점하고 있었다. 우리도 김씨네처럼 그 사업을 하려면 우선 공장장한테 허락을 받아야 할 텐데 기존에 잘하고 있는 김씨네를 두고 사업 경력도 없는 우리한테 일감을 줄지 의문이었다.

그러나 어머니는 사업을 하기로 마음먹은 지 얼마 되지 않아 훌쩍 공급권을 따냈다. 어머니는 공장 측에 독점보다는 경쟁체제를 도입하는 것이 이득이라고 설득했다고 한다. 작업 품질도 높이고 인접한 면까지 작업자들을 확대하겠다는 제안을 했고, 아이 셋을 공부시켜야 하니 도와달라고 인간적인 호소도 했다는 것이었다.

소학교 졸업이 최종 학력인 신출내기 사장 어머니와 국민학교 4학년 딸의 사업 준비는 일사천리로 진행됐다. 어머니는 10리, 20리 떨어진 산골 마을을 찾아다니며 우리의 존재를 알리고 김씨네로 가던 고객을 우리 집으로 빼오는 일을 담당

했다. 그리고 나는 대학 노트에 고객별 거래 내역을 기록하는 장부 관리를 맡았다.

공장과의 거래 조건도 어머니의 탁월한 사업 제안과 협상으로 해결할 수 있었지만 우리에게는 가장 큰 고비가 남아 있었다. 고객인 시골 아주머니들 대부분은 10리 이상 떨어진 작은 마을에 흩어져 살았고, 그들이 완성된 실 꾸러미를 납품하고 새로운 일감을 받아 가는 날이 주로 장날이었다. 그런데 김씨네 집이 장터에서 엎어지면 코 닿을 거리에 있었던 데 비해 장터에서 모퉁이를 하나 지나서야 간신히 보이는 우리 집은 아낙네들이 일감을 한 아름 머리에 이고 오가기에는 너무 멀었다.

우리 집이 너무 멀어서 손님이 하나도 없을까 봐 시골 꼬마는 11년 인생 최대의 고뇌를 하고 있었다. 한편 저 무심한 초겨울 바람은 사업 시작일이 다가오고 있음을 알려주었다.

그러던 어느 날 학교에서 돌아와 보니 어머니가 평소 세 배쯤 되는 분량의 김장을 하고 있었다. 그것을 보고 나는 어머니가 포기했나 싶었다. 벽지 공장에 칡실 납품을 하는 장사는 접어두고 김치 장사를 하시려나? 김장독을 묻을 구덩이도 두어 개 더 늘어 있었다.

기어코 장날이 돌아왔다. 그날은 우리가 처음으로 아주머니 고객들을 대면하는 날이었다. 새벽잠에서 깨어보니 어머니는 명절 때나 쓰는 가마솥에 밥을 한 솥 가득 하고 있었다. 해가 뜨기 시작하니 장날이라고 차려입은 아주머니들이 삼삼오오 우리 집으로 들어서기 시작했다. 어머니는 장날 아침 일찍 집을 나섰을 아주머니들을 위해 아침밥을 준비했던 것이다. 장을 보기 위해 새벽에 집을 나선 고객들은 늘 허기졌다. 새벽부터 밥을 지어 따뜻한 아랫목에서 먹는 쌀밥에 김치, 된장국 한 그릇에 기꺼이 수백 미터를 더 걸어왔던 것이다.

시골 아주머니들이 장터에서 먼 우리 집까지 오기에 김장 김치와 국은 충분한 동기가 되었던 것 같다. 얼마 지나지 않아 장날 아침 우리 집에 들러 일감도 받아 가고 든든한 아침밥도 얻어먹고 가는 것이 시골 아주머니들의 코스가 되었다. 장날마다 우리 집으로 찾아오는 고객들이 늘어나기 시작하더니 급기야 두세 해 만에 김씨네를 넘어서게 되었다. 김씨네가 집도 장터에서 더 가깝고 사업도 몇 년 일찍 시작했는데 말이다.

점점 더 늘어난 고객 덕에 나의 겨울방학은 늘 바빴다. '우총무'라는 호칭에 나는 신이 났고 장부 정리도 계산기 없이 암산으로 척척 해냈다. 여담이지만 내가 고등학교를 졸업할 때까지 수학 문제를 틀려본 적이 없었던 비결은 바로 장부 정리로 다져진 암산 실력 덕분이라고 생각한다.

비록 벽지 산업이 사양화되어 사업이 오래가지는 못했지만 덕분에 대구로 유학 간 오빠는 대학까지 진학했고, 동생과 나도 안동의 인문계 고등학교를 무사히 마칠 수 있었다.

IT 스타트업에 첫발을 들여놓은 이래 30년 가까이 IT 분야에서 잔뼈가 굵은 나에게는 좋은 가르침을 준 훌륭한 선배들이 있었다. 하지만 나에게 최고의 멘토가 누구냐고 묻는다면 나는 주저 없이 '나의 어머니'라고 말하겠다.

어린 시절 봉화 산골 어머니의 모습에서 사업 기획, 제안, 고객 응대, 비즈니스 협상까지 모두 배울 수 있었다. 그중 핵심이 되는 철학은 바로 '고객의 마음을 헤아리고, 그들과 진정으로 공감하는 것'이었다. 우리가 비즈니스라 부르는 것, 혹은 영업이라고 부르는 것은 어쩌면 먼 길 오는 고객의 허기진 배를 채워주기 위해 갓 지은 쌀밥을 밥그릇에 눌러 담는 그 마음에서 시작되는 것이 아닐까. 세월이 흘러 내가 IT 영업을 시작하고, 팀장이 되고, 또 회사를 경영하면서 몸에 익은 듯 발휘할 수 있었던 능력들은 어쩌면 어릴 적 봉화 산골에서 시작된 것 같다.

작년 이맘때 돌아가신 어머니가 사무치게 그립다.

나와 우리를 성장시키는 진짜 유능함에 대하여

나를 믿고 일한다는 것

1판 1쇄 발행 2020년 11월 5일
1판 3쇄 발행 2020년 12월 15일

지은이	우미영
펴낸이	박선영

콘텐츠코칭	서민규
책임편집	이아림, 김지수
디자인	씨오디
발행처	퍼블리온
출판등록	2020년 2월 26일 제2020-000051호
주　소	서울시 마포구 양화로 133, 서교타워빌딩1404호
전　화	02-3144-1191
팩　스	02-3144-1192
전자우편	info@publion.co.kr

ISBN 979-11-970168-3-7　03320

이 도서의 국립중앙도서관 출판예정도서목록(CIP)은 서지정보유통지원시스템 홈페이지 (http://seoji.nl.go.kr)와 국가자료공동목록시스템(http://www.nl.go.kr/kolisnet)에서 이용하실 수 있습니다.(CIP제어번호: CIP 2020043760)

＊ 책값은 뒤표지에 있습니다.